毛南族

翟振武 主编

黄仲盈/著

中国人口出版社
China Population Publishing House
全国百佳出版单位

图书在版编目（CIP）数据

毛南族/黄仲盈著．—北京：中国人口出版社，2013.6（2022.7重印）
（中国少数民族人口丛书）
ISBN 978-7-5101-1827-2

Ⅰ.①毛…　Ⅱ.①黄…　Ⅲ.①毛南族—民族文化—中国　Ⅳ.①K287.6

中国版本图书馆 CIP 数据核字（2013）第 125645 号

中国少数民族人口丛书　毛南族
ZHONGGUO SHAOSHU MINZU RENKOU CONGSHU　MAONANZU
翟振武　主编　黄仲盈　著

责任编辑　魏小玲
美术编辑　刘海刚
责任印制　林　鑫　王艳如
出版发行　中国人口出版社
印　　刷　北京兴星伟业印刷有限公司
开　　本　710 毫米 ×1000 毫米　1/16
印　　张　11.5　插 1
字　　数　154 千字
版　　次　2013 年 6 月第 1 版
印　　次　2022 年 7 月第 2 次印刷
书　　号　ISBN 978-7-5101-1827-2
定　　价　45.00 元

网　　址　www.rkcbs.com.cn
电子信箱　rkcbs@126.com
总编室电话　(010) 83519392
发行部电话　(010) 83510481
传　　真　(010) 83538190
地　　址　北京市西城区广安门南街 80 号中加大厦
邮　　编　100054

序

如果把一个民族比作一颗星星，那我们就是生活在一个繁星满天的世界。当今世界上有约 3000 个民族，分布在 200 多个国家和地区，绝大多数国家由多个民族组成。中国也是同样，是由各族人民共同缔造的统一的多民族国家。在漫漫的历史长河中，生活在中华大地上的各族人民密切往来、交流融合、团结奋斗、休戚与共，形成了一个伟大的强盛的中华民族大家庭，共同开发了祖国的美好河山，共同推动了国家的发展和社会的进步。

在中华民族的大家庭中，有 56 个成员，其中有 55 个是少数民族。新中国成立以来，少数民族人口一直持续增长。1953 年第一次全国人口普查时，少数民族人口总数为 3532 万人，占全国总人口的 6.1%。2010 年进行第六次全国人口普查时，少数民族人口总量达到了 1.14 亿，几乎是 1953 年的 3 倍，占到了全国 13.4 亿人口的 8.5%。各少数民族人口数量相差较大，如壮族有 1693 万人，回族 1059 万人，满族 1039 万人，维吾尔族 1007 万人，而赫哲族只有 5354 人，塔塔尔族 3556 人，独龙族 6930 人。中国各民族的人口分布呈现大散居、小聚居、交错杂居的特点。汉族地区有少数民族聚居，少数民族地区也有汉族居住；许多少数民族既有一块或几块聚居区，又散居全国各地。中国少数民族聚居区大都地广人稀，资源富集。少数民族地区的草原面积，森林和水力资源蕴藏量，以及天然气等基础储量，均超过或接近全国的一半。全国2.2万多公里陆地边界线中的1.9万公里在民族地区。全国的国家级自然保护区面积中民族地区占到85%以上，是国家的重要生态屏障。中国各民族的起源和经济、社会、文化的发展有着本土性、多元性、多样性的特点，五彩缤纷，丰富多彩。

要全面认识中华民族，就要从认识每一个民族开始。正是从这个理念出发，我们编写了这套《中国少数民族人口》大型系列丛书，力图从历史、文化、经济、社会等各个方面，用准确、科学、生动的语言，全方位描述和展现各少数民族灿烂辉煌的历史和现状，编织出一幅绚丽多彩的中华民族大家庭的“全家福”。

编写这样一套大型系列丛书，难度非同一般。几经论证和深入研讨，最终形成了编写大纲，这套丛书各个分卷的作者绝大多数由少数民族作家担任，他们不仅熟悉自己民族的历史和文化，而且对本民族有深厚的感情。在国家新闻出版总署、国家人口计生委和中国人口出版社的大力支持下，作者们历经数年，几易其稿，终成此书。值此丛书出版之际，我们衷心地祈愿这幅“全家福”能为民族的交流和团结，为中国的文化建设，为整个中华民族的繁荣昌盛，作出一份微薄的贡献。

翟振武

2012年5月于北京

PREFACE

Every nationality sparkles like a star in the firmament. Now we have about 3000 stars distributed across the world in more than 200 countries, most of which are multinational. So is China, which consists of a number of nationalities. For centuries, all the nationalities have lived together, worked together and fought together, making China a prosperous unified multinational country.

Of all the 56 nationalities in China, 55 are minorities whose population has been increasing since the founding of The People's Republic of China. According to the first census in 1953, the minority population was about 35. 32 million, accounting for 6. 1 percent of China's total population. By 2010, the number had almost tripled. According to the sixth census, the population of the minorities amounted to 114 million, making up 8. 5 percent of the 1. 34 billion people in China. The population size of minority groups varies a lot. Some of them have a large population, for example, the Zhuang Nationality has a population of 16. 93 million; the Hui has 10. 59 million people and the Manchu consists of 10. 39 million people. Some of the minorities are quite small, such as the Hezhe, the Tatar and the Drung nationalities, which have populations of 5354, 3556 and 6930, respectively. China's nationalities live together over vast areas with some living in individual, concentrated communities in small areas.

Some minorities' concentrated communities are scattered among the Hans, and some Han people also live in the minority communities. Some minorities may have one or more concentrated communities, while their people spread all over the country. Most minorities' concentrated communities have their people sparsely distributed in large areas with abundant resources. The grassland, forest, water and natural gas reserves in areas inhabited by minority people account for about half of China's total. Further, 19 000 kilometers of the nation's 22 000-kilometer land boundary are in minorities' communities. In addition, 85 percent of the country's state-level natural reserves are in the minority areas, making the people important guardians of China's ecology. Each of the nationalities' origin is unique, and their development of economy, society and culture is full of variety.

Only by learning every aspect of the minorities' lifestyle can we have a comprehensive understanding of the Chinese nation. Under this notion, we write this series of books on the Population of China's Minorities to provide a detailed picture of our Chinese nation, with the glorious past and prosperous present of the country's minorities.

It is through trials and tribulations that we write this spectacular series of books. Most of the authors, who have profound knowledge of the minorities and wrote the books with their strong emotions, are members of minority groups. With the great support of the National Publication Foundation, the National Population and Family Planning Commission and China Population Publishing House, the authors completed the books after years of unremitting endeavor.

On the publication of this series of books, we are looking forward to seeing these books contribute to the unity of the Chinese nation and help our country flourish in the future.

Zhenwu Zhai

Beijing

May 2012

目录

综　述　风情环江　本真毛南 …………………………………… 1

第一章　土著毛南 ……………………………………………… 8

第一节　从“难”到“南” ………………………………… 8

第二节　源发“八疆” ………………………………………… 13

第二章　傩样人生 ……………………………………………… 18

第一节　“三南”文风 ……………………………………… 18

第二节　“还愿”之舞 ……………………………………… 24

第三节　“欢”唱生活 ……………………………………… 31

第四节　激情角力 ……………………………………………… 34

第五节　多神信仰 ……………………………………………… 37

第三章　石木之工 ……………………………………………… 40

第一节　承载历史的墓碑刻 ……………………………… 40

第二节　古老神秘的傩面雕 …… 44
第三节　情深意切的花竹帽 …… 51

第四章　天人合一 …… 58
第一节　石凝岁月　木筑人生 …… 58
第二节　百味用酸 …… 63
第三节　天然饮食 …… 67
第四节　灵魂之饰 …… 72
第五节　多情节日 …… 78

第五章　血脉传承 …… 88
第一节　60 年的变迁 …… 88
第二节　差序格局 …… 91
第三节　安土重迁与志在四方 …… 95
第四节　生的“祭解” …… 99
第五节　托体同山阿 …… 103

第六章　生命律动 …… 108
第一节　远古血缘婚 …… 108
第二节　以歌为媒 …… 111
第三节　别致婚礼 …… 116
第四节　相携相助 …… 122
第五节　“拜寄”认亲 …… 126

第七章　美好生活 …… 130
第一节　土能生金　寸土寸金 …… 130

第二节 穿越千年的“黔桂古道” …………………………… 135
第三节 “五香”食品 ……………………………………… 139
第四节 醉美“毛南红” …………………………………… 144
第五节 浓郁风情游 ……………………………………… 148
第六节 科技引领未来 …………………………………… 154

尾篇 砍不断的流水 …………………………………………… 161
后记 ……………………………………………………………… 166

Contents

Summary A Nationality Full of Stories 1

Chapter I Origin and History 8

Section I Origin of the Name of the Maonan 8

Section II Ancestors of Maonan Nationality 13

Chapter II National Traditions of the Maonan 18

Section I Development of Education 18

Section II Traditional Dance of Maonan Nationality 24

Section III Folk Songs of Maonan Nationality 31

Section IV Classical Wrestling 34

Section V Freedom of Faith 37

Chapter III Traditional Crafts 40

Section I Tombstones with Historical Memories 40

Section II Carving of Wooden Masks …… 44

Section III Traditional Crafts of Bamboo Hat …… 51

Chapter IV Culture of the Maonan …… 58

Section I Buildings and Architecture …… 58

Section II A Nationality Prefers Sour …… 63

Section III Traditional Cuisine of Maonan Nationality …… 67

Section IV Ethic Costume of Maonan Nationality …… 72

Section V Traditional Festivals …… 78

Chapter V Population Change of the Maonan …… 88

Section I Population Change in the Last 60 Years …… 88

Section II Population Structure of the Maonan People …… 91

Section III Migration and Settlement …… 95

Section IV Rituals of Birth …… 99

Section V Funeral Rites …… 103

Chapter VI Marriage and Family …… 108

Section I Consanguineous Marriage in Ancient Days …… 108

Section II Singing Love Songs in Antiphonal Style …… 111

Section III Wedding Ceremony …… 116

Section IV A Nationality Living in Harmony …… 122

Section V A United Nationality …… 126

Chapter VII Wonderful Life of the Maonan …… 130

Section I Development of Agriculture …… 130

Section II Progress of Business and Trade ························ 135
Section III Food Brands of Maonan Nationality ················· 139
Section IV Famous Liquor of Maonan Nationality ·············· 144
Section V Beautiful Landscape of Maonan's Hometown ········ 148
Section VI Technological Development of Maonan Nationality ··· 154

Postscript Bright Future of the Maonan People ···················· 161
Epilog ··· 166

综 述

风情环江 本真毛南

她，有着如江水一样绵延流长的历史，风风雨雨地走过了2000多年；她，延续着百越民族质朴的族脉，千年坚守着脚下的故土；她，以石凝聚岁月，以木筑构人生，以歌营造生活，以傩皈依本真；她，有着山一样的身躯，有着水一样的性格，有着土一样的博爱，有着风一样的自由；她，以地为记，聚族而居，宗泽“八疆”，脉衍岭南。

这就是毛南族，一个全国人口较少的民族。翻开沉甸甸的史籍，追寻着百越族群的足印，我们就会发现，早在先秦时期，作为西瓯骆越的一支，毛南族先民就已经开始在今毛南山乡这块土地上繁衍生息。据考证，与毛南族血缘最近的应该是唐宋时期由瓯越发展而来的僚人，因为，在如今毛南族语言中的不少词汇与古代僚语相同或相近，很多生活习俗也相同或相近。至明清时期，僚人分化出僮（今壮族）、侗（今侗族）、水（今水族）、姆佬族（今仫佬族）、苦荬伶、伶人等分支，其中，苦荬伶、伶人所分布的地区就是今天毛南族聚居的地方，因此，苦荬伶、伶人很可能就是毛南族的直接祖先。[①] 因为同一祖源的缘故，在语言上，毛南语属于汉藏语系壮侗语族水语支，与侗语族的诸民族

① 覃乃昌．广西世居民族．广西民族出版社，2004：160.

语言比较相似，尤其与水族语言最为接近。同时，因为长期与汉、壮等民族睦邻相处，彼此交流交融，因此，在一些毛南山乡，汉语、壮语也成为彼此沟通的工具。与多数少数民族一样，毛南族没有自己的文字，其族源、历史、文化多依靠口头传承，世代传诵。所以，今天走在毛南山乡的村村寨寨，听到的、看到的，或是一曲古老的民谣，或是一段久远的传说，或是一位耄耋的老人，很可能就是一段曲折而又坚韧的民族发展史。

今天毛南族所居住的区域大致以广西壮族自治区环江毛南族自治县为中心，向四周呈辐射状，其足迹还广布于周边的河池市、宜州市、南丹县、都安瑶族自治县等区域以及邻近的贵州省黔南布依族苗族自治州的平塘、独山等县。而环江毛南族自治县，因江而聚族，因江而成城，不仅是全国唯一的毛南族聚居县，同时也是一个年轻而又古老的南疆小城。

说环江古老，是因为她浓厚的历史。早在公元前 214 年，秦始皇在岭南设置桂林、海南、象三郡时，今环江的大部分地区就属于桂林郡，后历经三国两晋南北朝，环江依然飘忽不定，没有自己的行政属地。638 年，唐朝在今环江县地设置环州，这是今环江县境内行政区域建置之始。742 年，环州改为正平郡，后设羁縻抚水州，又于 758 年复为环州。宋朝时，环州析其西部设镇宁州。1016 年，羁縻抚水州改为羁縻安化州。1075 年，废环州和镇宁州，两州及所属辖县并入环州原属县之思恩县，治所移至带溪。1107 年，带溪升为溪州，于 1110 年被废。元初，废羁縻安化州，所属辖区隶属思恩县。1297 年，思恩县属庆远南丹溪峒等处军民安抚司。1384 年，明代，析思恩县西北部地区设置荔波县。1506 年，思恩县、荔波县改属庆远府河池州。1732 年，清代，荔波县改属贵州省都匀府。1905 年，析思恩县北部五十二峒、中州、三里等地另置安化厅，隶属庆远府。1912 年，民国时期，安化厅易名为安化县，又于次年改为宜北县。1927 年，思恩县、宜北县直隶广西省政府。[①] 至此，环江的历史进入了现代发展时期。

说环江年轻，是因为她崭新的起点。1930 年 4 月，中国工农红军第七军一、二纵队遵照军部前委指示，北征贵州榕江，取道思恩、宜北，从此播下了红色的革命火种。长期居住于环江这块古老土地上的毛南族及壮族、苗族、瑶族、仫佬族等各族人民的优秀儿女踊跃参加红军，为争取民族解放、实现人民当家做主的权利而抛头颅、洒热血，换来了新中国的成立。1957 年 3 月，为了贯彻落实党的民族平等政策，实施民族区域自治制度，促进各民族大团结，中共广西省委决定将今广西南丹县东部的里湖、八圩瑶族地区、环江西部以及河池市邻近的部分地区合并筹建八圩毛南族瑶族自治县，但由于后来历史及现实等诸多原因，此事被搁置了下来。党的十一届三中全会以后，特别是《民族区域自治法》颁布实施以后，环江县毛南族人民要求当家做主的愿望越来越迫切，建立环江毛南族自治县的计划又提上了日程。1985 年 3 月，中共环江县委、县人大常委会、县人民政府向广西壮族自治区人民政府提交了关于建立环江毛南族自治县的报告，本着合则两利，分则两害的原则，并思恩、宜北两区域为环江毛南族自治县。1986 年，广西壮族自治区人民政府就合的方案向国务院呈报。同年 11 月，国务院批复同意撤销环江县，设立环江毛南族自治县。1987 年 11 月，环江毛南族自治县成立。[②] 从此，毛南族人民实现了民族区域自治。

2000 多年的历史传承，20 多年的自治轨迹，变的是时间和容颜，不变的是血脉的延续。因为水是生命之源，所以，人类就逐水而居，民族也依水而繁衍生息。因为大小环江，千古的流水，贯城而过，绕

---

① 《环江毛南族自治县概况》修订本编写组．广西环江毛南族自治县概况．民族出版社，2008：15～17.

② 覃乃昌．广西民族区域自治研究．广西民族出版社，2007：109～110、188～190.

城而流，所以，城以江为名，就叫环江。这样，世人不仅记住了一座城，一座叫环江毛南族自治县的南疆小城，而且更记住了一个民族，一个叫毛南的民族，一个古老、勤劳、朴实、勇敢、智慧的民族。

这是一个勤劳智慧的民族。李太白一句“蜀道之难，难于上青天”，将天下行路之险，赋予了蜀地。这应该是诗人当时正觞酌流行，丝竹并奏，酒酣耳热，醉忘了毛南山乡的千山万壑，要不然，如果诗人亲临毛南山乡，在吟咏这千古绝句之时，势必也会经过一番斟酌难决吧。毛南族聚居的环江县，地处云贵高原东麓，其间的九万大山、见送岭、大石山、大望山、遥望岭、金坳岭等，层峦叠嶂，群峰起伏，悬崖峭壁，河谷深切。或许，“糍粑放在膝盖上都能咬得住”、“低头仰头帽都落”的俗语，没有李太白诗句的豪情意致，但却是世代居住于此的毛南族人民日常生活的真实写照。因为山的恩泽，所以生与山相依，大大小小的民居，星罗棋布，或三五一屯，或八九一村，依山而立，以山为靠。村寨面朝田野，深隐苍山，那掩映于绿树红花中的村舍，加上那些曲曲折折的青石板小路，连接山里村外，就是一派世外桃源的遐想啊。因为多山，所以少土；因为少土，所以“土能生黄金，

环江毛南族自治村　（桂鸿摄）

寸土也要耕”。勤劳智慧的毛南族人民，在这千山万壑的空隙中，开辟出了大大小小的田垌。他们在九分石头一分土的山腰上，常常用石块垒砌成一道道石墙，将松散而又珍贵的泥土拦住，平整成一块一块的、巴掌大的旱地。这就是一个民族生存与发展的支撑。一粒玉米、一颗猫豆、一枚南瓜子，只要落入这青山，落入这土地，就会生根，就会发芽，就会开花，就会结果，就会丰收。也正是这种与山相依、寸土寸金的生存韧性，才造就了毛南族今天的香牛之乡、香猪之乡、香鸭之乡、香菇之乡、香粳之乡的“五香”生活。

这是一个风情万种的民族。因为流淌着百越的血液，继承着瓯越的遗风，穿越层层叠叠的历史时光，今天的毛南族，独特而神秘、淳朴而多情、乐观而智慧。这里，遗存着原始傩戏的千年守望。这种从原始巫术脱胎而来的古老戏种，自唐朝以后，在中原大地上已经声渐不闻，甚至在汉文化区域中已近于销声匿迹，但在这一地处南疆的毛南山乡中，却像一块遗落人间的净土，原始、神秘，返璞、归真。或许，因为居于南蛮之地，偏僻一隅，风俗独特，受方言限制；又或许，因为善于学习、开放包容的民族品性，毛南族的傩戏，经过中原文化、荆楚文化、巴蜀文化等千百年的潜移渗透，又融合了佛教、道教以及其他神灵崇拜等多层次的文化因素，逐渐形成了独具本民族审美特色和风格的文化体系。今天的毛南族傩戏，不仅是对祖先的一种追忆，对天地万物的一种崇敬，而且融合着本民族口头文化、山歌、戏剧、舞蹈、音乐、打击乐等艺术元素，承载着一个民族风风雨雨的历程。这里，也是歌的海洋，流传着花竹帽的爱情。唱歌，是毛南族日常生活的一部分，节日要唱歌。赶圩要唱歌，劳动要唱歌，造房进屋要唱歌，谈情说爱要唱歌，结婚行礼要唱歌，道场祭祀要唱歌。每村每寨，会唱歌、唱好歌者为尊，也最能收获甜蜜的爱情。因为歌，族源才得以追溯，血脉才得以传承；也因为歌，生活才如此幸福，爱情才会有了结晶。以歌为媒，以花竹帽为信，这就是毛南族的情感生活。那多情的毛南族姑娘头上的那顶漂亮的花竹帽，不仅是毛南族特有的一种手工艺品，更是编织进了毛南族姑娘的心，倾注了毛南族姑娘的情，象征着毛南族人民追求和向往美好生活的愿望。这里，更是木雕石刻的世界。房屋、家具、窗棂、门板、桥梁、路面、墓碑，无一不是石木之魂的凝聚。或许，在毛南山乡，木不言，石不语，但交融于其中的、日出而作日落而息的毛南族人民早已经用行动和情感说明了这一切。

这也是一个勇敢而又富于创新、善于包容的民族。山的硬朗，造就了毛南族人民石质的意志；江的绵延，塑造了毛南族儿女水样的韧性。从遥远的秦隋蛮风，穿越繁盛的唐宋文明，历经明清的东西文化碰撞，在交往与交流、分化与同化、交融与融合的历史发展中，毛南族就这样，踏踏实实、循序渐进地谱写着自己的史册。或许，这是一个没有自己文字的民族，缺乏对本民族远古历史的载本；或许，因为长期与汉族、壮族等交流、交融，许多民族特征已经销声匿迹；又或许，今天的毛南族，汉语言文字已经成为广泛的交流和沟通的主要工具，但这也恰恰反映了毛南族是一个善于学习、心态开放并且能兼收并蓄的民族。一位毛南族唯一的全国作协会员曾经这样说过：毛南族有自己的语言，但没有文字，很多人感到遗憾，但这也未尝不是一件好事，因为没有文字，毛南人就把汉字当作自己的文字来使用，这是一种向先进文化看齐的心态，只有向先进文化看齐，民族才能进步。我们且不去考究这句话的深意，但从毛南族的历史发展及民族传承过程，就不难探触到这个民族那种开放、包容、重教化的族性。向先进的文化看齐，朝先进的文明迈进，这就是许许多多的民族之所以得以世世代代流传、祖祖辈辈生生不息的共同路径吧。也正是因为有着一种向往美好生活的秉性，20 世纪三四十年代，勇敢而又富于斗争的毛

南族人民，才会风起云涌地聚集到镰刀锤子的旗帜下，历经抗日战争、解放战争，终于迎来了新中国的成立，也获得了当家做主的权利。新中国成立后，在党的民族政策的光辉照耀下，又于1987年成立了环江毛南族自治县。经过20多年的发展，今天的环江，正以一种新的姿态行走在新世纪的康庄大道上，而今天的毛南族，也正和各族人民一道，以勤劳的双手、创新的精神积极地迎接更美好的未来。

究竟是一个民族筑就了一座城，还是一座城包容了一个民族？或许，只有川流不息的江水才能回答，只有历经沧桑的容颜才能证明。今天，矗立于环江毛南族自治县这座南疆小城，站在历史与未来的衔接点上，我们听到的、看到的、触摸到的，不仅仅是毛南族重重叠叠的历史，还有她奔向美好未来的稳健的身影和铿锵的脚步。

第一章

土著毛南

倾听毛南族嶙嶙峋峋的历史脚步，触摸她铿锵有力的时代脉动，中华民族5000多年的历史，她走过了2000多年，其中的坎坷、曲折、愉悦、幸福，只有她能承受，只有她能承担，也只有她才能承袭。因为爱，因为感恩，也因为追忆，毛南族才如此深深地眷恋着脚下的祖先留下的这片土地。

第一节　从“难”到“南”

或许一个民族本没有名字，有的，只是那难以割舍的血缘亲情和那源远流长的族源记忆。毛南族自称“阿南”、“唉南”，“阿”、“唉”，意为人，直译过来就是“毛南人”，意即居住在毛南地方的人。为何以居住地自称族名，我们已经无从追忆，但也许从那以后，毛南族的儿女们，无论是行迹天涯，还是逐浪海角，即使岁月掩埋来路，时光雕琢容颜，他们的内心深处，响彻的、满盈的，应该还是那魂牵梦萦的毛南山乡和那血脉传承的祖源之地吧。

今天的“毛南”一词，在历代汉文史籍中，经历了汉译用词的多

种演变，曾有“茅滩”、“茆滩”、“茅难”、“冒南”、“毛难”等同音异写。

毛南族的族称，最早见于文献记载是在宋代。据宋代周去非的《岭外代答》记载：“自融稍西南，曰宜州。宜处群蛮之腹，有南丹州、安化三州一镇、荔波、赢河、五峒、茅滩、抚水诸蛮。”[①] 又载：“宜之西境，有南丹州、安化三州一镇，又有抚水、五峒、龙河、茅滩、荔波等蛮及陆家砦。”[②] 元朝，1279 年，毛南族聚居地庆远府与南丹州合并，设立庆远南丹溪峒等处军民安抚司，领宜山、忻城、天河、思恩、河池五县，隶属于湖广行省管辖。[③] 当时，湖广行省境内的“思州军民安抚司”辖区中有“茆滩等团”，在“新添葛蛮安抚司”属内亦有“茅滩、思风、北郡、都变等处”。[④] 明清时期，与毛南族有关的记载频现于各种史籍，比如，“思恩县有普义、带溪、镇宁三砦（九域志），普义相近有茆滩堡”。[⑤] “正德（1506～1521 年）中，南丹酋莫扬侵思恩地，于茆滩筑二堡，于普义、六传、川山、三疃筑四堡。”[⑥] “思恩县……西至茅滩甲接河池州界二百里。”[⑦] 荔波县有“茅滩桥、水庆桥，俱在侥幸里。”[⑧] 实际上，无论是“茅滩”、“茆滩”，还是“茅滩蛮”、“茆滩蛮”，再或者是“茆滩团”、“茆滩堡”、“茅滩桥”等诸多说法，既可看作地名，指的是毛南族聚居和分布的区域；也可看作族名，指的是毛南族的远古先民。族以地名，地以族分，一方水土滋养一个民

---

① 周去非．岭外代答·地理门．卷二．

② 周去非．岭外代答·边帅门．卷二六．

③ 元史．卷六三地理志六．中华书局．1976：1534．

④ 元史．卷六三地理志六．中华书局．1976：1549、1557．

⑤ （清·嘉庆）谢启昆，胡虔修．广西通志·卷一二二关隘略．广西人民出版社．1988：3537．

⑥ （清）顾祖禹．读史方舆纪要．卷一〇九广西．中华书局．2005：4928．

⑦ （清·乾隆）庆远府志．卷一．

⑧ 古今图书集成．卷一四一四．方舆汇编职方典．

族，毛南族正是以这种坚守的方式，千年守望着脚下这块生生不息的故土。

清朝至民国时期，“茅滩”、“茆滩”等词的使用范围进一步扩大，同时，“毛难”、“茅难”、“冒南”、“毛南”等相对正规的称谓也开始出现。比如，乾隆年间（1736～1795 年）、道光年间（1821～1850 年），毛南族人所立的《谭家世普碑》和其他坟墓的碑文中，就有“毛难土苗地方”、“毛难甲”、“来毛难安处”等记载。[①] 而清朝和民国时期所绘制的各种地图中，“毛难”、“茅难”等词也标于其上，比如，同治年间（1862～1874 年）刊行的《皇朝中外一统舆图》中就标有“毛难村”；清光绪年间（1875～1908 年）测绘的《广西舆地全图》和民国二十三年（1934 年）绘制的《广西全省分县地图》中，均标明有“茅滩六圩”、“茅难山”。[②] 在一些地方志和民间流传的文献中，比如，民国二十四年（1935 年）《思恩县志》和民国三十一年（1942 年）《思恩年鉴》中，除记载有“毛难”之外，还有“冒南”、“毛南”之名；毛南族民间祭灶王祈文中也有“大清广西省庆远府思恩县镇宁乡冒南里”的记载。[③] 至此，我们大致看到了毛南族族称由“茅滩”到“毛难”的一系列变化过程，先为地名，后为族名，又因族名而推广到各种相关的山名、地名以及行政区域名。以地名族，以族名地，地名、族名交错使用，或许也只有毛南族才会这样将一个民族的命运与脚下的土地紧紧地融合为一体，并且牢牢地记住，自己就是本地人，是属于毛南山乡的人，这也是毛南族得以千年延续和世代传承的根。

或许历史应该是由文字来记载和延续的历程，毛南族因为没有自

---

① 广西壮族自治区编辑组编．广西仫佬族毛难族社会历史调查．广西民族出版社，1987：104.

② 匡自明，黄润柏主编．毛南族——广西环江县南昌屯调查．云南大学出版社，2004：4.

③ 广西壮族自治区地方志编纂委员会编．广西通志·民族志（上）．广西人民出版社，2009：407.

己本民族的文字，所以，关于自己历史的记载很少。历史上，在历代封建王朝乃至国民政府的史志典籍中，虽然有“茅滩”、“茆滩”、“冒南”、“毛难”等称呼，但在那些居庙堂之高的统治权贵们看来，那只能被看作是“率土之滨，莫非王土”范围内的一个行政区域，而那些长期生长于斯、发展于斯的居民是不能称为“族”的，毛南话只是“一种特别方言”，讲毛南话者“只限于（思恩县）属毛难一隅”。[①] 毕竟，在封建等级森严的旧社会，“族”很多时候更多的是与“王族”、“望族”、“公族”等联系在一起，其所体现的是“王”、“帝”、“君”之贵。正因为这样，我们就不难知道为什么历代封建王朝和国民党政府都不承认毛南族作为一个民族共同体存在的原因了。但毛南族是一个顽强、坚韧而又自强不息的民族，她虽然历经劫难，饱经风霜，却又是那样的伟岸挺拔；她无论骄阳风雨，始终倔强地生息着，发展着，并逐步形成了本民族共同的地域、共同的经济生活、共同的语言、共同的风俗习惯和共同的民族心理素质。

只有在中华人民共和国成立后，毛南族的地位才得到了承认。让我们再一次重温以下文字吧：毛南族“仍然保持着历史上形成的聚居区，并各有与其他民族不同的历史来源和传说，而且他们大多数保持本民族独立的语言和独特的风俗习惯，以及强烈的民族意识和深厚的民族感情，民族内部也有密切的联系，并且迫切要求承认他们为独立民族”，所以，“确定他们为独立民族”。[②] 从以上文字可以看出，也只有中国共产党的民族政策，才真正使毛南族最终回归了自己的族性，回归了自己的本原。在确定族名的时候，曾经有人建议用“毛南”，但也有人认为，因为毛南族在旧社会里，备受压迫、歧视，生活艰辛，

---

① 民国《思恩县志》第二编《社会》.

② 广西壮族自治区民族事务委员会编．中华人民共和国民族事务委员会呈报关于确定仫佬、毛难、怒、独龙、仡佬等民族成分问题，民族识别文件材料汇编（1951～2001），2001：108.

灾难深重，用“毛难”作为族名更加切合实际，更能让子孙后代牢记本民族艰苦奋斗的历史；另一说法是，新中国成立后，中央和广西省两级民族事务委员会派员到毛南山乡调查民族情况时，见本地碑铭上刻有“毛难”字样，所以在以后确定民族族称时，便以地名族，称为“毛难族”，但由于“难”字有“困难”和“灾难”之意，因此，导致

广西环江毛南族自治县城市风光　（久色才器摄）

了多数毛南人反感。[①] 1956 年 2 月，中华人民共和国民族事务委员会在批复广西省人民委员会的报告中，同意毛南族为单一民族，族名就称为“毛难”。[②] 是出于纪念本民族的艰苦奋斗史？还是出于以地名族？我们不必太过于纠缠于史料考证，实际是，经过了三十余年的发展，

① 谭宏宇．毛南地名考//《毛南族谭氏谱牒》编纂委员会编．毛南族谭氏谱牒，2004：29.

② 广西壮族自治区民族事务委员会编．中华人民共和国民族事务委员会关于确定广西的仫佬、毛难各为单一民族函告广西省人民委员会．民族识别文件材料汇编（1951～2001），2001：113.

毛南族的经济及社会生活发生了翻天覆地的变化，彻底地摆脱了“苦难”的日子，人们安居乐业，生活越来越甜蜜。1986 年，根据本民族的意愿，并经国务院批准，“毛难族”改称“毛南族”，并于 1987 年成立了环江毛南族自治县。从此，毛南族以更加崭新的面貌投入到社会主义事业的建设中。

从“难”到“南”，一字之易，所见证的，则是一个民族悲欢离合的历史，也承载着一个民族从苦难奔向幸福的美好意愿。毛南山乡的山山水水，不仅滋养了一个民族的身躯，塑造了一个民族的灵魂，还培育了一个民族的精神。所以，今天，记住一片土、怀念一座山、眷恋一条河，这不仅仅是毛南族的整体记忆，还是毛南族儿女世世代代相依相存的根。

第二节 源发“八疆”

自从世界有了人类，伴随而至的，便有了人类魂牵梦绕的家园。一个民族，一旦有了血脉传承，即使迁徙的脚步会与祖源之地渐行渐远，但对故土的那份眷恋，对血缘亲情的那份牵挂，对远古先祖的那份缅怀也会如影随形。而这些对于重情恋土的毛南族来说，踏山涉水寻根，追寻族源足迹，则成为了族人一种维系血缘纽带的生存信念。

关于毛南族的民族渊源，目前主要有两种说法：一是土著说。认为今天毛南族聚居的区域，自古以来就有少数民族居住，经过长期的演化，并不断和外来的民族相互融合，发展成了今天的毛南族。二是外来说。认为毛南族的祖先是宋、元、明时期分别从湖南、福建、山东等地，因战乱、做官或者是经商等途径南迁到毛南山乡的。那就让我们再一次揭开历史的记忆，去追寻毛南族最古老的族源吧。

土著说主要的根据是各种史志典籍的记载。毛南族的历史渊源可以追溯到春秋战国时期至秦汉时期生活在今广西壮族自治区西江、桂江、左江、右江，贵州省西南部以及越南红河三角洲地区的西瓯、骆越人，这一时期毛南族的血脉已经在骆越族群中流淌、延续。魏晋南北朝时期，居住在岭南一带的居民被称为僚，而僚所居住的区域，“自牂牁北入，所在诸部，布满岭”，① 牂牁郡东南境打狗河正是今毛南族、水族的分布区域。唐时，在今环江毛南族自治县设置抚水州，以加强对“抚水蛮”的统治，毛南族先民就居住在抚水州属地中。宋真宗年间（998～1022 年），平州刺史镇压“抚水蛮”，“招山僚向导，开路进师”，② 其中，毛南族先民就是“山僚”的一支。后抚水州改为安化州，州境内“茅滩”上、中、下峒的少数民族被称为“茅滩蛮”，而这一区域，正是今环江毛南族自治县毛南族的聚居之地。明清时期，毛南族先民开始从泛称的“僚”、“蛮”中分化出来，成为侗水语族先民的一支，称为“伶人”、“苦荬伶”，如明朝时隶属庆远府管辖的今毛南族居住地区，其境内“瑶、僮杂居，天河、思恩，又有伶、僚、仫佬”；清朝嘉庆年间编纂的《广西通志》也载：“思恩五十二峒及仪凤、茅滩上中下疃皆瑶、僮居之，俗与宜山同，伶人则谓之苦荬伶。”③ 从“僚”、“蛮”中分化出来，形成了与当时僮、水、仫佬等族群相区别的族群——“伶人”、“苦荬伶”，这就说明，毛南族已经逐渐形成了一个稳定的并具有自己特征的民族共同体。

外来说主要的根据是毛南族各个大姓的族谱、世谱以及碑铭等。毛南族中主要有谭、覃、卢、蒙、韦、颜等姓氏，这些大姓的族谱、世谱、碑铭中均记载自己的祖先是外来的。如谭姓，作为毛南族中的大姓，其族谱、碑铭较多，有《仪凤村谭氏宗谱碑文》、《谭家世谱

① （北魏）郦道元．水经注・漾水．

② 宋史．卷四九五．

③ 广西壮族自治区地方志编纂委员会编．广西通志・民族志（上）．广西人民出版社，2009：406.

碑》、《高川谭家世谱碑文》、《明朝拔元太祖谭三贵墓碑文》、《谭三孝墓旧（新）碑碑文》等。虽然各个族谱、碑铭的细节稍有差异，但主要情节却是相同的，都是讲述其先祖谭三孝（另外一种说法是谭三贵）在明朝嘉庆年间从湖南常德府来到“广西任庆远河池知州”，但因“莅任三年，厂务水灾，归贡（亏空）厂税银八千，无由填足，罢职归农，逃散异乡……移居毛难土苗地方”，后得到当地土著方刚振的帮助，“始而结盟，继而婚姻，生男育女，玲珑智慧”。[①] 覃姓在其祖谱上称其先祖原属齐郡（今山东省），本姓王名龙，育有二子，其中一子后改姓谭。王龙被朝廷贬黜后，遂改为覃姓。据传此是毛南族谭姓、覃姓的由来。随后，王龙于元末明初因躲避兵燹而逃到今毛南族聚居的地方。[②] 另一关于谭、覃两姓互变的说法，一说“毛南人谭姓始祖本姓覃，因能说会道，惹人厌烦，有人便在覃字左旁加上言字，后人称为谭姓”；一说覃姓“原姓谭，因与另一宗支发生争执，对方能言善辩，颠倒黑白，他们厌恶之极，与之决裂，使将谭字去掉言旁，引以为戒”。[③] 卢姓认为其先祖是明、清时期从福建迁来的，蒙姓则认为其先祖是从贵州荔波县迁来的，其他韦、颜等姓氏也是从外地迁徙而来的。[④] 以上姓氏，皆因各种原因由外省迁徙到今天毛南族聚居的地方繁衍生息，从而成为今天毛南族这一族群最重要的组成部分。

实际上，外来说只是毛南族各个大姓对自己本宗族祖源的一种记忆，而不能代表其就是整个毛南族的祖先。民族是在一定的历史发展阶段形成的稳定的人们共同体，“一般说来，民族在历史渊源、生产方

---

① 《毛南族谭氏谱牒》编纂委员会编．谭家世谱碑//毛南族谭氏谱牒，2004：20.

② 广西壮族自治区编辑组．广西仫佬族毛难族社会历史调查．广西民族出版社，1987：106.

③ 广西壮族自治区编辑组．广西仫佬族毛难族社会历史调查．广西民族出版社，1987：7.

④ 广西壮族自治区编辑组．广西仫佬族毛难族社会历史调查．广西民族出版社，1987：7.

式、语言、文化、风俗习惯以及心理认同等方面具有共同的特征”。[①]这就是说，民族不是以宗族关系为基础的人类共同体，但它可以包括很多宗族，毛南族中的任何一个族姓的历史，只能代表这个族姓的发展过程，而不能代表整个毛南族历史的来源。况且，在谭、覃、卢、蒙等大姓迁来毛南山区之前，这里已经有“土苗”[②]居住，是这些大姓的祖先和“土苗”进行联姻通婚，才得以“父而子，子而孙，不知几数”。[③]所以，关于毛南族的来源，土著说是比较科学并且得到学界的共识的。毛南族就是当时居住在毛南山区的土著民族不断地与外来的民族进行交往、交流、交融而来的。这或许就是毛南族为什么自称“毛南这地方”的人的原因吧。这种坚贞不渝的祖地情结，所蕴含的，实际上就是对族源血脉的一种千年坚守。

也正是因为这些外来的大姓，毛南族这棵大树今天才长得如此枝繁叶茂。谭氏为环江毛南族第一大姓，其人口占环江毛南族人口总数的2/3以上。[④]谭氏的族脉，根发“八疆”，源远流长。据载，毛南族谭氏始祖之一谭三孝到达毛南山区，与当地土著方氏联姻后，生有四子，长子时杰、二子时直、三子时官、四子时金，除时杰外，二三四子后来均不知迁往何处。长子时杰又生四子，分别为英伯、英果、英性、英繁，后英果、英性、英繁等也不知去向。唯有英伯育有八子，即谭貂疆、谭黎疆、谭汉疆、谭龙疆、谭虎疆、谭唐疆、谭赵疆、谭马疆，称为“八疆”。又说“黎”、“汉”、“唐”、“赵”应为“狸”、“犴”、“瑭”、“猱”。之所以取“貂”、“狸”、“犴”、“龙”、“虎”、

① 本书编写组．中央民族工作会议精神辅导读本．民族出版社，2005：29.

② 在谭氏族谱中，都提到当时毛南山区已经居住有“土苗”，这里的“苗”，在当时经常被人们用来泛称南方各个少数民族，所谓的“土苗”，或者也可看作是毛南族。详见杨绍猷，莫俊卿著．明代民族史．四川民族出版社，1996：334.

③ 《毛南族谭氏谱牒》编纂委员会编．谭三孝墓旧碑碑文．毛南族谭氏谱牒．2004：21.

④ 广西壮族自治区地方志编纂委员会编．广西通志·民族志（上）．广西人民出版社，2009：408.

“狮”、“猱”、“马”等名，是因为谭三孝避难到毛南山乡，由于身处深山密林中，野兽众多，生存环境恶劣，为激励后人，因此取强悍机灵的吉祥动物为名，希望后人能够如动物般勇猛强壮、机智灵活并且耐苦耐劳；之所以名字后都带有“疆”字，是因为谭三孝希望谭氏能够兴宗旺族，分疆分域，于是将八子各派一方，各立标志，各成家业。[①]所以，“八疆”后裔，就这样遍布了毛南山乡的山山岭岭和村村寨寨，宗支繁茂而绵延，正如其字辈诗所颂道：“道远洪光大，士子必登科。昌应居远祖，宗维胜泽长。”[②]

今天的毛南族，自信、智慧、开放、包容。或许，这是因为她流淌着百越民族的朴质血脉；又或许，这是因为她融合了其他民族的优秀品质。从西瓯骆越的怀抱中，千年涉行，千年传承；从山僚蛮夷的血脉中，一路沧桑，一路风雨；从“茅滩”、“毛难”的脐源中，共生共长，共存共荣。这就是毛南族，延续着千年的族脉，遍布着“八疆”的山山水水，就这么日出而作，日落而息；就这么生生不息，代代传承。

---

① 《毛南族谭氏谱牒》编纂委员会编．关于八疆的传说与八疆之名的订正．毛南族谭氏谱牒，2004：11～12.

② 《毛南族谭氏谱牒》编纂委员会编．谭氏字辈诗．毛南族谭氏谱牒，2004.

第二章

傩样人生

说毛南族的生活如傩，是因为这个民族是如此的古老、神秘、虔诚。这是一种孕育自山水土地及花草树木的风骨，也是一种返璞归真、至诚至真的生活信念。也许只有毛南族，才会将祖先的记忆演绎得如此传奇与真实：那缥缈缭绕的焚香烟，那低吟浅唱的诵经声，那如痴如醉的傩舞者，这一刻，历史与现实交融，时光与记忆凝聚。这，就是活着的传奇。

第一节　“三南”文风

这是一个美丽的传说：古时候，毛南地方属庆远府一个世袭的土司所管辖，土司为维护自己的统治，对毛南族人民实行愚昧政策，禁止他们读书识字。但严格的禁令并不能阻止毛南族人民学文化、求真知的愿望。这时，一名秀才为了传播文化知识，造福乡梓，同时也为了避免土司的迫害，于是在毛南百姓的帮助下，在下南铁坳附近的一座岩洞里办起了学堂，并在洞口书就一副对联：“四乡父老兴办学岩培魁秀，八疆子弟苦读诗书树芳名。”从此，琅琅读书声响彻毛南山乡的

崇山峻岭，但学岩最终还是遭受到了土司的破坏。虽然秀才和大部分的学童安然脱险，但其中三名叫兴、英、业的学生被土司抓住了。在被押往土司府的路上，他们心想此去有可能再也无法回到故里，再也见不到亲人和恩师了，于是兴便对着离学岩不远的一块大青石下跪，以石为师，边跪边拜，边拜边念："感谢先生的培育！"后来人们就称这块大青石为"谢师石"；英将藏着的习字本丢到路边，以此为记，让亲人知道他们的去向，后在丢习字本的地方，长出了一棵大青藤，青藤上结出许多豆荚，豆荚里是一颗颗鲜红的豆粒和一层层雪白的薄膜，相传为英的习字本所变，那薄膜后人称为"千层纸"，而那红豆则是先生批阅的朱砂印记；业则将笔墨丢到山边，后来长出一片墨绿的竹林，据传这是业的笔墨染黑的缘故，而这种墨竹，毛南族人民则用它来编织美丽的"花竹帽"。①

毛南族与花竹帽 （李桐摄）

传说已经随岁月铭印进历史的记忆，但毛南族尊师重教、昼耕夜诵的求知精神却依然在族脉中流淌和传承。或许因为是人口较少的民族，或许因为历史上遭受阶级剥削和民族压迫较深，又或许是因为经

① 卢敏飞，蒙国荣．毛南山乡风情录．四川民族出版社，1994：34～36；莫家仁．毛南族．民族出版社，1988：56～57.

济社会发展缓慢，虽然早在明朝万历三十六年（1608 年），思恩县的壮族地区已经建有“学宫”，清朝初期也已经始建书院，但毛南族聚居的“三南”山区直到清朝乾隆年间（1736～1795 年）才开始出现“私塾”，[①] 比附近的壮族地区晚了一百多年。一百多年，在浩瀚无边的时光隧道中，或许只是弹指一挥间，但这毕竟是坚韧、顽强的毛南族，用如饥似渴的求知欲望和百折不挠的毅力，一步一步地摆脱愚昧，接近圣贤。一个典型的事实是，没有哪个民族比毛南族更能体味到族谱石刻以及先祖墓碑上的教育铭文的深刻含义，从现存的族谱石刻以及清朝道光、咸丰年间的墓碑上，我们可以窥视到这个苦难而又聪慧的民族的教育印记：谭三孝墓碑碑文写道，其“幼学诗书，十五进步、二十补廪，嘉庆元年取中第八名举人，二年会试，复中五十名进士”。[②] 宜州市怀远镇谭村谭氏族谱写道，其宗族“自开族以来持家勤俭，出世端方忠厚，开基耕读为训，迄今越朝积世，文人蔚起，武士联兴”。[③] 环江高川屯谭德成墓碑序中写道，其“自幼从师请业维殷，芸窗苦读，摩厉以须，柳郡考棚，梅氏取进，身游文伴，名列前茅”。[④] 环江下南谭上达的墓志铭上写道，其少年时就攻读“六易”，“历事儒宗，常游郡城，亲受业于蒋老师号静轩及莫老师号容川两大夫子之门”。[⑤] 而同一时期的谭振远、谭明远也“皆入吾邑文庠”，并已“崭然见头角”。[⑥] 这说明，从清朝中后期起，毛南族地区不仅已经有了民间“私塾”，而且一些有条件的毛南族学子已经外出求学，一些人还参加了科举考试，并取得了功名。据史料记载，清朝时期，毛南族的秀才、廪生、贡生

---

① 莫家仁．毛南族．民族出版社，1988：57.

② 《毛南族谭氏谱牒》编纂委员会编．谭三孝墓旧碑碑文/毛南族谭氏谱牒，2004：21.

③ 《毛南族谭氏谱牒》编纂委员会编．宜州市怀远镇谭村谭氏族谱/毛南族谭氏谱牒．2004：28.

④ 《毛南族谭氏谱牒》编纂委员会编．高川屯谭德成墓碑序/毛南族谭氏谱牒，2004：29.

⑤ 《毛南族谭氏谱牒》编纂委员会编．谭上达墓志铭/毛南族谭氏谱牒，2004：679.

⑥ 莫家仁．毛南族．民族出版社，1988：57.

等就有 20 多人。[①]

说不清毛南族为何将先祖受教育的历史如此厚描和深镌在各种墓碑石刻上。这或是对先祖的一种追溯，抑或是对教育的一种尊重，再或是对后人的一种鞭策。也许，是那九分石头一分土的艰苦生存环境激发了他们誓要通过教育改变家乡贫穷落后面貌的激昂斗志；也许，是那旧社会残酷的阶级剥削和民族压迫激励他们一定要发奋求学改变族人的命运。所以，这才有了立石盟誓，即使石不语，但青山依旧，而先祖如炬的目光和厚重的祖训，也如此日复一日、年复一年地审度着子孙后代们的精神世界。因为贫困，所以父母必须通过给人打工、砍柴割草、烧木炭、编织竹器、充当小贩等方式为小孩筹集入学的学费；因为山高路远，居住分散，所以，毛南族的子弟必须每天天不亮就举着火把行走在路上，翻山越岭去求学；因为地势偏陋，条件落后，所以，求学的脚步才会如此坚韧而铿锵地走出毛南山乡，放眼世界。因为有了这种求知的欲望和坚忍不拔的毅力，才造就了毛南族教育事业的辉煌。以调查资料为据，1931 年，当时思恩县青少年到庆远镇和柳州市两所省立中学读书的约有 20 人，其中毛南族子弟就有 10 人，约占一半；抗日战争前夕，思恩县只有 9 名大学生，而只有 12 000 人左右的毛南族就占了 5 名，按当时大学生人数与总人口数的比例来看，毛南族大学生的比例比周围的壮、瑶、苗等民族都要高出许多。[②] 因此，毛南山乡也赢得了“文风颇盛”的盛誉。[③] 这是对毛南族发奋求学的高度评价，它鞭策着一代代毛南族子弟在知识的海洋里尽情地、自由地遨游、探索。

新中国成立后，毛南族的教育事业更是取得了长足的发展。从统

---

① 莫家仁. 毛南族. 民族出版社，1988：57.

② 卢敏飞，蒙国荣. 毛南山乡风情录. 四川民族出版社，1994：34～36；莫家仁. 毛南族. 民族出版社，1988：31.

③ 覃永绵等编. 毛南族研究文选. 广西民族出版社，1987：121.

计数字来看，1983 年，仅环江县毛南族大专院校毕业生就有 122 人，各类中专毕业生 203 人，初中、高中毕业的更是数以千计。[①] 据不完全统计，从 1951～1990 年，环江县毛南族学生达 1 万人左右，其中中专毕业生约 240 人，大学生 200 余人，具有高级职称的约 30 人，具有中级职称的有 50 余人。[②] 这对当时仅几万人口的毛南族来说，[③] 是一个了不起的现象。2005 年，环江全县有干部 6658 人，其中毛南族干部 1266 人，占全县干部总数的 19%，高于毛南族人口在全县总人口中的比例（16.18%）；全县副科级以上领导干部 408 人，其中毛南族为 110 人，占总数的 26.96%；全县少数民族妇女干部担任副科级干部以上领导的有 55 人，其中毛南族为 17 人，占同级妇女干部的 31%。[④] 如果以典型村屯来看，上南乡的上南村，地处群山环抱的峒场，生产生活条件恶劣，但无论是过去还是现在，该村都是以读书风气浓而闻名全县，新中国成立后至 20 世纪 80 年代初，该村虽然只有 4000 多人，但大专院校毕业生就有 29 人，中专毕业生 47 人，在外读书和工作的就有 200 余人。[⑤] 下南乡的南昌屯，相传为谭姓的发源地之一（相传谭氏始祖之一谭三孝当时挂印逃官至南昌屯，从此定居下来，繁衍后代），据统计，新中国成立以后至 21 世纪初期，该屯共有大中专毕业生 26 人，全村 90%以上的人都上过学，念过书。[⑥] 这些数据所承载的是一个民

---

① 卢敏飞，蒙国荣．毛南山乡风情录．四川民族出版社，1994：34～36；莫家仁．毛南族．民族出版社，1988：33.

② 《毛南族简史》修订本编写组．毛南族简史．民族出版社，2008：111.

③ 1982 年，全国毛南族人口有 38 135 人；1990 年第四次全国人口普查，全国毛南族人口有 72 370 人，而环江毛南族自治县有 54 874 人。匡自明，黄润柏．毛南族——广西环江县南昌屯调查．云南大学出版社，2004.

④ 《环江毛南族自治县概况》修订本编写组．广西环江毛南族自治县概况．民族出版社，2008：82～83.

⑤ 莫家仁．毛南族．民族出版社，1988：60.

⑥ 匡自明，黄润柏主编．毛南族——广西环江县南昌屯调查．云南大学出版社，2004：392.

族的精神和希望。

“三南文风颇盛”所带来的是毛南族的人才辈出。仅谭氏一脉，在新中国成立之前，就出现了谭德成、谭妙机、谭云锦、谭秉钧、谭秋湖、谭中立、谭魁等擅长创作文言散文及诗联的才子。其中，谭德成清乾隆年间所作的《谭家世谱》,[①] 是现今搜集到的毛南族的最早文学作品，开了毛南族文人创作的先河。谭云锦所作的《回环诗》在“三南”地区流传最广：“高峰远照月光寒，照月明心道甚闲。消虑俗情无我累，益神精气炼丹还。滔滔每叹长流水，淡淡遥看远景山。涛碧渡难愁艇小，迢迢路隔阻关三。”该诗倒吟为：“三关阻隔路迢迢，小艇愁难渡碧涛。山景远看遥淡淡，水流长叹每滔滔。还丹炼气精神益，累我无情俗虑消。闲甚道心明月照，寒光月照远峰高。”顺吟倒吟，意境相似，文笔精妙。谭魁是毛南族诗人，新中国成立前曾在广州、澳门等地任记者、教师，新中国成立后从事教育工作，晚年致力于文学研究和文学创作，为北京中华诗词学会会员、广西诗词学会会长、广西楹联学会理事，有《巴音山下侬索花》等代表作：“巴音山下侬索花，点点黄花熏万家。罗嗨深处人欲醉，与花共度好时光。巴音山下侬索花，山花傲对夕阳斜。夕阳如染花如醉，共做山乡春一家。”新中国成立后，出现了袁凤辰、蒙国荣、谭亚洲、韦秋桐、谭自安、孟学祥、周鸿宁、卢纪新、谭贻生、韦园晨、谭自乐、谭合川等杰出文人，他们以毛南族坚韧不拔、吃苦耐劳的品质，辛勤地耕耘和丰富着毛南族人民的精神家园。其中，谭亚洲是他们中的佼佼者，也是最早的探路者。20 世纪 60 年代初，谭亚洲以一个邮递员的身份，写出了《邮递员之歌》、《接过邮包》等诗作，揭开了毛南族当代作家文学的第一页。他写出了毛南族历史上的第一部诗集《爱情的瀑布》；创作了毛南族历史上的第一部小说《血染的侬索花》；出版了毛南族历史上第一部神话

① 毛南族谭氏谱牒编纂委员会编．毛南族谭氏谱牒．2004：19～20.

研究学术著作《毛南族神话研究》；整理出了毛南族历史上的第一部古籍《毛南族民歌》；创作的毛南族文学史上的第一篇短篇小说《狩猎》，荣获第三届全国少数民族文学奖，亦是毛南族历史上的第一篇获奖作品。这数个"第一"所代表的，不仅是作者艰辛的创作历程，而且也反映了整个毛南族的精神世界。

有评论称，谭亚洲是"绕岩穿壁走出的毛南诗人"，[①] 而其他的毛南族文人才子又何尝不是"绕岩穿壁"走出来的呢。是毛南山乡的峥嵘岁月，造就了他们的诗情、才情、激情。崇山峻岭，可以阻隔视线，可以阻断道路，也可以掩埋躯体，但却阻拦不了追求，阻止不了脚步，也埋没不了风骨。因为尊师重教，所以，毛南族家家户户无论贫富，堂屋正中所设的牌位，都会上书"天地君亲师位"，"师"与"天地"齐位，与"君亲"同尊；因为恪守祖训，所以毛南族在家中老人去世后，在刻碑立传时，都将碑帽雕成笔架形，指天为盟，以笔为誓，遗训万代。所以，今天的毛南族，政治家、科学家、教授、医生、工程师、画家、作家、诗人等精英层出不穷，不胜枚举，这应该也是一种血脉传承吧。

第二节 "还愿"之舞

要了解毛南族，一定要从了解"傩"开始，只有了解了"傩"，才能够真正触摸到毛南族那质朴、神秘而又坚韧的族脉。

"傩"是一种礼仪，是中国传统文化的重要组成部分，它所反映的是人与自然的一种相依相存、共生共长的关系，所有人与自然，乃至人与人之间的各种矛盾、纠纷，都可以通过"傩"来沟通和化解。因为"傩"的这种通天地、通鬼神的功能，使"傩"早在三千多年前就

① 中国民族报.2005年6月17日第11版的《主持人语》.

上升为了一种国家礼仪，登上了大雅之堂，所以就有了“乡人傩，（孔子）朝服而立于阼阶”之说。这样，我们就不难理解崇尚自然、回归自然而又恪守祖训的毛南族为什么这样将自己的命运和生活紧紧地与“傩”融合在一起了。

“傩”更是一种生活理念。有了这种理念，就使人有了希望，有了追求，在现实生活中就能安心、立命，于是，便有了“娱神”、“娱人”的活动，这就是傩戏。毛南族的傩戏，源自古老的百越文化，有“肥庙”、“朝龙”、“肥套”三种。[①] 其中，“肥庙”即每年农历五月的“庙节”（即分龙节），庙节主要是进行祭神求雨保丰收，要进行“椎牛”仪式，现在，庙节虽然还在沿承，但已经不再举行“椎牛”仪式，少了祭祀氛围，也少了傩戏表演；“朝龙”即“安龙谢土”，主要是驱邪祈禳，但在新中国成立后已经失传；“肥套”即“还愿”，是毛南族自身生产的一种酬神还愿活动，与毛南族古朴的生育信仰及其支配下的传统习俗息息相关。因为相关族脉、种的繁衍以及文化的传承，所以，“肥套”至今仍然活跃在毛南族群众的日常生活中，如一块活的化石，千年守望着毛南山乡的芸芸众生。

“肥套”又分“红筵”和“黄筵”，虽有一字之别，但目的都是为了“还愿”，为了求得家庭人丁兴旺、和睦久安。而“还愿”的背后，则有着不同的传说。“红筵”传说中的主人公叫仲定，双亲早年逝世，旁无兄弟姐妹，而又家徒四壁，因此年过三十尚未娶妻。于是向掌管生育的万岁娘娘许愿，祈求降福，并写好文书画押。万岁娘娘感其心诚，于是将一位仙女许配于其为妻，并生了五男二女。但仲定后来忘乎所以，不仅忘了许愿之事，还把画押的文书塞到鞋子里当垫纸踩。万岁娘娘十分生气，把七个子女全收了回去。仲定这才意识到了错误，赶紧杀牲口置酒席酬敬众神，还了之前许下的心愿。事后，万岁娘娘

---

① 蒙国荣．毛南族傩戏调查．民族艺术．1992（1）。

将七个小孩送回了仲定的身边，一家人重新过上了幸福的生活。“黄筵”传说中的主人公叫黄挚，因其醉酒，不仅走错了路，而且还醉得不省人事，忘记了回家的路。于是在神坛面前立愿书，求雷王来保身，送其回家。后来，黄挚的母亲一病不起，多方求药，还是不能治愈，为此他终日以泪洗面。在卜卦之后，卦师告诉他，这是因为他在雷王面前立愿而没有实现，所以遭来恶鬼缠身。黄挚听后，当场下跪认错，并于腊月置办宴席酬谢众神。从此，家业兴旺，六畜平安。

无论是“红筵”还是“黄筵”，都代表了毛南族那种原始、简单、朴素而又赤诚的精神世界。仲定从无子到得子，从失子到复得，其中所蕴含的是一种希望子孙繁衍、生生不息的美好愿望；黄挚从忘家到返家，从患病到康复，其中所体现的，同样是一种希冀人丁安健、家业兴旺的美好心愿。抛开其中朴素的唯心主义不谈，无论是作为神灵的万岁娘娘、雷王，还是作为凡人的仲定、黄挚，他们都具备了人类的情感，有大悲，但最终都是大喜；其过程虽然穿插着祈福、立愿、忘愿、还愿、赐福等诸多情节，但彼此之间的关系，始终洋溢着互助、互敬、互爱的温情。如果我们将这种思想再扩展开来，那么其中所蕴含的民族情感就更加不言而喻了。历史上，毛南族作为人口较少的民族，相对于周边的壮、苗、瑶等民族来说，处于一种弱势的地位，他们要生存、繁衍、发展，就特别需要得到其他兄弟民族的支持和帮助，就像史上先民们的交流交融、族谱世系中铭刻的联盟通婚一样，所以，与其他民族和睦相处、互敬互爱，始终是毛南族千年恪守的族性和品质。这样，延续至今的“肥套”，与其说是还愿，不如说是感恩；与其说是感恩，不如说是在维系和发展与兄弟民族间那种浓浓的情感。

香烟缭绕升起，鼓点紧密激扬，舞者来回穿梭，“还愿”仪式，就这样在毛南山乡悄然启幕了。古时，“红筵”和“黄筵”是分开还愿的，但是，现在都合起来一起举行了，前场还万岁娘娘的送子恩，后

毛南族道、师公祭事用的神灵挂图 （李桐摄）

场还雷王的进财富，两者共一神坛，同一祭品，合一仪式，所谓“设坛逐解雷王愿，摆筵偿还圣母恩”，个中情感，唯有虔诚的毛南族群众方能领悟。还愿酬神时要供奉三十六位大神、七十二个角色（也称“三十六天罡、七十二地煞”）。其中又分家神和外神，家神包括家仙（祖先）、三界、婆王等；外神包括蒙官、太师六官、李大将军等。同时还分善神、文神、凶神三大类，善神包括家仙、婆王、三娘、花林仙官、瑶王等；文神包括三元、三光、三界、社王、太师六官等；凶神包括雷王、蒙官、灶王等。① 其中场次依序为：接祖师、三光带众神、三元召度、仙官架桥、太师六官押凶、瑶王拣花踏桥、家仙贺筵、三界保筵、牡丹纳亭、土地配三娘、花林仙官送银花（女孩）、万岁娘娘送金花（男孩）、良吾（亦称梁吴）二帅点榜文、雷兵点席、雷王坐殿。每一个场次，都有不同的唱本，包括“大供”、“劝解”、“歌本”等，并演绎不同的内容：“大供”用巫语，主要讲述各阶段应该准备哪些祭品、请哪些神灵；“劝解”运用韵文体散文形式，主要介绍各神的来历、身世及职能作用；“歌本”用民歌体，主要解释天地万物起源以

① 蒙国荣．广西环江毛南族“肥套”（傩愿戏）．中华艺术论坛，2009（9）．

及宇宙间各种物象产生的原因。唱本有三字句、四字句、五字句、六字句、七字句，也有字数不等的长短句。一个显著的特点是，唱本多以汉字方块字为记音形式，或取其义，或取其音，或义音结合，同时也创造了一些以方块汉字为基础的“土俗字”，即模仿汉文形声字的结构方式，假借汉字的音、义来拼写毛南语。所以，多数的唱本，虽然以汉字记录，却又不能按汉语语法语义来造句和释其义，也只有同时熟识壮语、毛南语、汉文的人才能吟唱，才能熟知其中的含义。或许，这就是毛南族那种开放包容、兼收并蓄的民族性格的一种具体表现。

最让人魂牵梦萦的，还是那穿梭时空的傩舞。傩舞，毛南语叫“条套”，一般有独舞、双人舞、三人舞、四人舞等，都是小型的舞蹈场面，每一段舞蹈就是一个场次，而各段舞蹈也都以出场的神名为舞蹈的名称，简洁明了而又充满了神话的遐想。这时候，毛南族的师公们就成了如痴如醉的舞者，成为神的化身，虚拟着神的世界，演绎着神的传奇。每一位舞者，都要戴上其所代表的神的木质面具。文、武、善、凶，72 种面相、72 套面具，每一套面具，所刻画的就是相关神祇的性格情趣，或美、或丑、或善、或恶、或黑、或红、或胖、或瘦。就这样，舞者在香烟缭绕下，在锣钹敲击声中，在刀剑挥舞的光影里，在时光中来回穿梭，在现实与虚拟中轮回。这些神灵的使者，身穿戏服，脚打绑腿，脸罩木面，走叉步，跨丁字，循猫蹑，忽左，忽右，忽前，忽后，时而脚跟着地，时而足尖用力，时而腾空旋转，时而躬身打坐，既充满了庄重、肃穆，又不失喧闹、戏谑。有人说，随着那一声开场的响锣起，无论是那场中的舞者，还是那场外的观众，彼此都陷入了一种歌声魅影、神鬼混杂、时空错乱的世界里。腾云驾雾、飘然而至的，是那能够给人们带来福祉的神灵们，而那虔诚膜拜、空灵清明的，则是毛南族那延绵不断的族脉。芸芸众生，滚滚红尘，浮躁世情，都能够在这古老、神秘、虔诚的傩舞中得到满足，寻得化解，如实皈依。

毛南族师公腰鼓　（李桐摄）

这就是毛南族的傩舞。这不仅是一种敬神之舞，一种还愿之舞，它还诠释着毛南族的历史之源、生息之脉、信仰之光。它风格古朴简约、媚柔流畅，不仅保留着百越民族的遗风，而且颇具晚唐、两宋早期歌舞、戏剧的意韵，是研究中原文化和毛南族土著文化交融演变的活化石。因为它古老，所以显得厚重，所以得以世代传承；因为它是民族的，所以也是世界的，所以得以旧貌绽新颜。

新中国成立以后，在广大的专业和业余文艺工作者的推动下，在继承传统傩舞的基础上，取其精华，去其糟粕，毛南族的艺术家们先后创编了取材于“还愿”傩舞的木面舞系列，并取得了显著的成绩：1988 年，参与广西第二届“三月三”活动开幕式演出，同年受邀参加

毛南族傩面舞　（李桐摄）

昆明国际铜鼓文化研究会举办的文艺会演；1999 年，参加台湾大陆少数民族民间艺术巡演会；2000 年，出席日本第四届国际民间文化大会；2001 年，参加广西电视台《南疆花月夜》的文艺演出；2002 年，参加韩国安东国际假面艺术节，同年，下南乡获得了广西壮族自治区文化厅颁发的“广西特色艺术之乡——木面舞之乡”的荣誉称号；2004 年，国家文化部授予下南乡为“中国傩戏之乡”；2006 年，被列入第一批国家级非物质文化遗产名录。此外，北京、云南、广西、中国台湾、日本、美国、韩国、泰国等国家和地区的学术团体和研究学者也纷至沓来，对傩文化进行考察和调研，傩文化研究掀起了空前的高潮。自此，毛南族傩舞焕发了新的生机，誉满全国，并走向了世界。

第三节　“欢”唱生活

“水有源来木有本，毛南民族根底深，族内现有五大姓，单讲谭家这条根……”这首始祖之歌，从一位历经沧桑的毛南族老人的嘴里深情溢出，那深邃苍凉的曲调，那真诚质朴的情感，那低沉淳厚的歌声，就这样，在毛南山乡的村前舍里、树丛花间、旷野深涧，盘旋着、缭绕着、激荡着。

毛南族民歌种类繁多，但目前尚未有一个统一的标准，谭亚洲根据其表现形式和调式特征，认为可以分为五大类：“比”、“欢”、“耍”、“排见”、“师公调”；[①] 张梅则将其分为“欢”、“比”、“排见”、“儿歌”、“摇篮歌”、“唱师调”等；[②] 老芾认为可以分为“耶”、“比”、“欢”、“侬”、“排见”五类；[③]《广西通志·民族志》和谭自安则分为“比”、“欢”、“排见”、“耍”、“朗”。[④] 无论何种分法，一个共识就是，其中以“比”、“欢”、“排见”三种形式最为常见。

“比”为一般山歌，又叫“比啰嗨”，是专门在屋外或郊野唱的歌体，有五言比、七言比以及五言、七言相结合的，内容包罗万象，多为借物托情喻理，涉及生产知识、天文地理、风土人情等，但更多的是表达男女之间的爱慕之情。“比”按其字数，因押首韵、腰韵、脚韵的不同，又分为各种“比”：当作恭贺用时称作“比喜”；用作盘问、猜谜的歌叫“比盘”；用作送别的歌叫“比送别”；用作邀请及初识问候的歌叫“比朵”；用来表示相恋的叫“比严”；还有用作赞美的叫

---

① 谭亚洲，韦秋桐．漫谈毛南族民歌．河池师专学报，1990（2）．

② 张梅．毛南族民歌论述．艺术探索，1988（1）．

③ 老芾．放声歌唱春常在——毛南族民歌．歌海，2002（10）．

④ 广西壮族自治区地方志编纂委员会编．广西通志·民族志（上）．广西人民出版社，2009：426；毛南族谭氏谱牒编纂委员会编．毛南族谭氏谱牒，2004：666.

"比赞"等。由于"比"的形式自由，因此，是毛南族男女青年在社交活动时最流行唱的一种民歌形式。所以，在毛南山乡，你无需寻觅，只在那狂欢节日上，在那秋后农闲时，在那黄昏月后，在那村前屋后，在那青坡林间，毛南族的男女青年，三五一群，七八一伙，伴随着"妹的歌才盖过众，心灵嘴巧赛歌仙，今晚有缘排妹坐，比吃蜜糖甜十分"的歌声，甜蜜的生活就这样开始了。

"欢"是一种颂体民歌。史料所载："婚姻、宴会则用男女各二人互歌，多为颂体，赞颂主人及宾客。"说的就是"欢"。"欢"是毛南族群众在给老人祝寿、结婚办酒、筹建新房、逢年过节时，为表达愉悦气氛而在室内演唱的歌曲。歌唱的内容因事而异，纷繁复杂，多为赞颂或吉利之词。根据"欢"的音乐特点，又可以分为"欢条"、"欢早"、"欢耍"三种，其中"欢条"为"欢"的主要形式，歌词多为五言八句一首，因其衬词里有"啰喂"二字，又称为"啰喂歌"；"欢早"为"欢条"的变化形式，五字一句，四句一首，起唱时一般先唱第四句，重复一次才进入第一句直至结束；"欢耍"则表现为一些轻快欢乐的歌，内容广泛，有猜谜、叙事、客套等，押韵比较自由，长短句交错有致，间隔押韵，朗朗上口。

"排见"是指流传在毛南族民间的叙事歌，专门用来叙事、传颂历史人物、讲述传说故事等。从内容及叙述的角度来看，"排见"可以视为创世歌谣的发展与创新，多在喜庆热闹场合由年长的歌师独唱。主要为七字一句，也有五字或九字一句的，四句为一首，合若干首为一条；押韵比较自由，可一韵到底，也可每两句换韵，曲调轻松明快。此类民歌篇幅一般较长，如叙述毛南族历史的《谭世始祖歌》，就是唱述谭姓始祖谭三孝从出生、出走、考举、入仕、罢职、出逃、定居、繁衍的一生过程，长达 100 多句，在毛南族中流传甚广，老少皆知。但也由于"排见"多长篇大论，受场地及年龄限制，所以这种民歌体流传得较少。当“不讲什么多，不谈别样先，唱条排见大家听。水有源来木有本，毛南民族根底深，族内现有五大姓，单讲谭家这条根。明朝嘉靖到现在，四百多年难分明，一条排见唱始祖，传与谭家后代人……”的始祖歌声抑扬顿挫、高低疾徐地响起时，多少悲欢离合，尽在情深处。而毛南族那峥嵘的历史岁月，又悄然地在毛南山乡的上空弥漫开来了。

有人说，要听毛南族的民歌，是不需要预约的，也不需要计划的，更不需要刻意的，只要你踏进毛南山乡，在那绿荫下、禾田里、道路边、青坡腰、溪涧旁、堂屋中、转巷角，无论是耄耋老叟、朝气青年，还是学语稚童，都会张口就来一段“比啰嗨”，或是一曲“啰喂歌”，也有可能开头一句“唱条排见大家听”，就这么如此娓娓道来。在毛南村寨寻歌的日子里，那须发飘白的长者会告诉你，毛南山乡的一山、一水、一花、一草、一木，都洋溢着歌的灵气，蕴含着歌的精魂，而那辛勤劳作于其间的毛南族儿女，则是那歌的精灵。君不见那边漂亮姑娘那一曲“试嗓歌”：“竹笛好久不吹了，试着声音扬不扬；风鼓好久不打了，试敲看看响不响。柴刀好久没得磨，不知能否砍得山；山歌好久没得唱，不知嗓子怎么样?”这边英俊后生这一曲“相逢歌”：“树上仙桃红艳艳，谁人见了不思恋；天宫仙女下凡尘，谁人见了不想连。金羽凤凰立树上，惹得百鸟飞来旋；今日喜逢伶俐妹，说话唱歌比蜜甜。”于是，后生又一曲“感叹歌”，细说身世苦、家贫寒，倾诉衷情；那厢姑娘再一和“劝慰歌”，同情哥遭遇，鼓励哥坚强，倾露爱慕。后生顺着歌路，进一步吟唱“追求歌”：“石榴花开格外鲜，山岩蜂糖格外甜；闻妹人勤心又好，百里翻山赶来连。甘泉清水人爱饮，世间美事人爱传；妹的人品胜春花，千里飘香蜂蝶缠。”姑娘知哥心意，但仍内紧外松，还要一唱“试探歌”：“阿哥或有美姣娥，莫来野外哄鹩哥；莫把鹩哥哄癫了，蒙头转向没处落。一线莫穿两根针，一匙莫开两把锁；莫学蚂蟥两头咬，莫做鹧鸪转几坡。”如此歌来歌往，甜蜜的爱情早已在歌声中酝酿，两颗年轻的心，两段浪漫的情，已经如此缠绵不断，难分难舍了。

这就是毛南族的歌唱生活，以歌倾情，以歌传承，以歌言志。说不清毛南族的民歌何时开始在毛南山乡响起，但毛南族天生就是一个歌的民族，以歌做伴，为歌而活，所谓“三天不唱歌，喉咙就发痒”、“心里有话心里唱”的率性，造就了毛南族许许多多能够触景生情、随编随唱的民间歌才，如环江毛南族自治县上南的卢玉兰、谭月亮、谭志；中南的谭树杞、谭木则、谭乾洲；下南的谭杰、谭绍基、谭壮志等就是其中的佼佼者。1962 年，毛南族歌手谭爱英、谭荣青就上北京演唱毛南族民歌“耍”——《不怕大老虎》，并得到了中央领导的亲切接见；卢玉兰、谭月亮传唱的《枫蛾歌》（原名叫《比妮迈》，为“比条”体勒脚歌，讲述的是“妮迈”、“达凤”与枫蚕之间的故事。“妮迈”为毛南语，即“寡妇”；“达凤”的“达”为毛南语，即“姐”之意，“达凤”即“凤姐”。主要讲述“妮迈”丧夫丧子，为抗封建迫害，饲养蚕为儿，并给蚕儿娶媳妇“达凤”。“达凤”见蚕儿为假郎，烫死了蚕儿。“妮迈”将蚕儿葬于枫树下，后墓上长出玉米，“达凤”吃玉米怀孕，但不堪忍受流言蜚语，于是自尽身亡。“妮迈”葬了“达凤”后，孤灯独影，彻夜悲泣。为使“妮迈”解脱，“达凤”化身枫蛾，以身祭灯，扑灭烛火，引“妮迈”升天）经过翻译整理后，刊于《民间文学》1982 年第 12 期上，曾获全国民间文学优秀作品三等奖，广西首届文学创作最高铜鼓奖荣誉奖，并入选《毛南族民歌》、《中国歌谣集成·广西卷》。

第四节　激情角力

这是一个充满激情的世界，也是一个充满力的较量的世界。

行走在毛南山乡，在山路上、在壁岩前、在林丛里，你随时可以看见健步如飞的老者、身捷如猿的青年、弹跳如兔的孩童，到处都是力的萌发、力的演练、力的张扬。这些，都源于山的恩赐。山的险峻，不仅造就了毛南族儿女吃苦耐劳、坚韧不拔的意志，而且也造就了他们穿岩走壁、开山劈路的本领。没有路，就用锤子敲，用铁锹挖，用铲子铲；没有运输工具，就用肩挑，用手提，用背驮。如此山的生活，必然要求居住于其中的居民具备强健的体魄，具备强劲的手臂、结实的肩膀、硬朗的腰杆、坚实的双腿。所以，为了征服山的傲慢，适应山的生活，勤劳聪慧的毛南族儿女，因地制宜地开展了一系列锻炼手臂、肩膀、腰杆、腿脚的体育活动，如“同顶”、“同填”、“同拼”、“举石锁”、“举石担”、“抛沙袋”等，其中，“同顶”、“同填”、“同拼”是毛南族群众最喜爱的竞技活动之一。这些活动无论场地简单、器械简陋，也无论参与人数多少，只要愿意，随时可以拉开架势，开展活动。

“同顶”为两个人之间的对抗活动，一方面，考察的是人的力量及巧劲；另一方面，还能锻炼一个人的底盘功夫。可以说，这是技巧、力量和功底的综合对抗。活动的场地一般宽 2 米，长 6 米，并在中间画一条中线；比赛的器械为一根长 2 米，直径约 8 厘米的竹竿或木棍，中间系一块红布或一条红绳；参赛者腰扎腰带，或者用几层布垫着腹部。比赛时，双方面对面立于场地两边，两腿呈前弓后箭状，双手握住竹竿或木棍的一端，将其紧贴到扎的腰带上或是垫着布片的腹部上，并让中间的红绳对着中线。随着裁判哨子的响起，双方要各自运气凝聚腹部，扎实马步，使尽全力，激情对顶，以将对方顶出场地外为胜。在进行对顶的过程中，可以不受中线限制，任意腾挪移位，但不允许突然放下竹竿或木棍，以避免对方因不备而受伤。

“同填”同样也是两个人的对抗赛，所不同的是，“同填”主要是锻炼人的冲劲和肩膀的承受力。相对于“同顶”来说，“同填”更趋于简单化，只需要场地，不需要任何辅助器械，主要器械就是参赛者本身的双肩。比赛前，先在地上画出一个直径约 3 米左右的圆圈，在中间画上一条中线，以此隔出参赛者的位置。比赛时，参赛者各站在中线的两边，将双臂屈向胸前，双手握住左右上臂下端肘关节，双脚平肩打开，上身下蹲。哨声一响，双方便以肩对肩，尽力相拱，不受中线限制，只需将对方拱倒或者拱出圈外，便为胜者。一个注意的事项是，由于是肩膀的对抗，自然不允许手脚相抵，也不允许冲拱别的位置，否则视为犯规，判为输或者被罚出局。但可以以闪展腾挪的方式诱使对方自己撞离出界。

“同拼”仍为两个人的较劲，主要是锻炼人的手劲和臂力。“同拼”对场地没有要求，较为空旷或者是平坦的地方都可以进行。所用的器械也很简单，一根扁担或一根木棍都可以成为运动的工具。参赛者分防御方和进攻方。比赛时，防御方双脚平肩分开，呈半蹲状，紧握扁担或木棍的一端，将其置于膝盖上；进攻方握住扁担或木棍的另一端，高举过头，然后运足力气往下压，同时扭转扁担或木棍。如果进攻方能将防御方紧握在手中的扁担或木棍扭松转动，表示进攻成功，即为胜方，否则为告负出局。

除此之外，“举石锁”、“举石担”、“抛沙袋”等也都是锻炼人的手臂、肩膀、腰部以及腿脚的运动，都重于力的积蓄和力的爆发。和其他民族的民间体育运动稍有不同的是，毛南族的民间体育，不在于动作的柔软、轻巧以及速度的对抗，而是在于力的较量。而力量的积累，来源于自然，来源于生活，来源于劳动，无须有意培养，也无须进行训练，只要你忠于山的生活，有山一样的质感，你就拥有了力量，你就可以挑战，也就敢于挑战。所以，在毛南山乡的农闲节年里，无论男女老少，随着一声吆喝，衣服一扎，双手一甩，双腿一蹲，双脚一

踩，激情角力的岁月，便这样在毛南山乡日复一日、年复一年地活跃着、延续着。

新中国成立后，毛南族的生活质量不仅有了较大的提高，而且各种民间体育运动也更加活跃起来，一些项目逐渐走出深山，走向城市。其中，“同顶”、“同填”、“同拼”等项目，于1983年被选为河池地区少数民族传统体育运动会比赛项目，1984年被选为第三届广西少数民族传统体育运动会比赛项目，1986年被选为第三届全国少数民族传统体育运动会比赛项目。2003年，另一民间传统体育项目马革球也被选为第八届全国少数民族传统体育运动会比赛项目。[①] 从此，毛南族民间传统体育项目开始掀起神秘的面纱，向世人展示了其“毛南族力量”。

第五节　多神信仰

毛南族每家每户的中堂上，都立着一块“天地君亲师”的牌位，这就是毛南族的精神信仰世界。

天地为尊，道法自然，在毛南族朴素的世界观里，这是亘古不变的规律。对于他们来说，天地、山水、树木、花草都是有灵魂的，有人类喜怒哀乐的情感，与人们日常生产生活有着密切的关系，并对人们产生重要的影响。每一类自然物，都由不同的神灵所主宰，天有天神，地有地神，山有山神，水有水神，树有树神，谷有谷神，万幻物象，皆如神化。

因为人类繁衍生息有赖于天象及物候，所以，掌管阳光雨露、催生万物的太阳神和雷王作为天神的代表，毛南族对之崇敬有加，特别是雷王，不仅主管上天雷电风雨，还主管人间善恶，有扬善惩恶之权

---

① 环江毛南族自治县概况修订本编写组．广西环江毛南族自治县概况．民族出版社，2008：262.

威，需要人们虔诚供奉。因为长期生活在群山绵延、层峦叠嶂、奇峰耸峙的山居环境中，毛南族对山既尊又畏，对于周围的一石一洞，既顶礼膜拜，又寄予良愿。所以，当一个村子将其后山称为“后龙”，前山称为“青龙”，或者是左山称为“笔架”，右山称为“砚台”时，这些都不是山的形似，而是毛南族群众精神的寄托，只有青山翠绿，才能荫护子孙，才能传脉万代。因为水是生命之源，族逐水而居，所以对泉源、溪水、井水等倍加爱护和珍惜。一带溪流，上段汲水，中段洗澡，下端牲口浸身，末段洗刷污秽，如此泾渭分明，源于对掌水之神的敬畏，不容亵渎。因为长期与绿树为伴，所以对绿树有着深厚的情结，对绿树格外崇拜。又说因为谭姓始祖谭三孝逃难途中，其妻临盆生产，四周荒野，唯有一棵大树可以栖身，于是在树根部的洞内铺些杂草，迎接第二代谭氏始祖时杰的降生。无论因自然环境所致还是因神传，毛南族的村村寨寨都会将村寨中最古老、最繁茂的大树视为神树，延及各种花草树木，均不能滥砍滥伐，并要不时祭拜。今天的毛南山乡，林木苍翠，郁郁葱葱，一派良好的自然生态环境，或许，这是毛南族那种古朴的自然神灵崇拜所赐吧。

万流归宗，或君、或亲、或师，都是毛南族祖先崇拜、神话人物崇拜、英雄崇拜的重要内容。无论是纸质的族谱，还是石制的碑刻，祖源的记忆，总是那样铭刻于心。在毛南族的观念中，祖先生前立家创业、繁衍后代，其中的创业的艰辛、抚育后代的恩情，应该为后人所铭记；而祖先去世后，仍然会一如既往地保佑和呵护子孙，给他们带来幸福和安康。所以，在毛南族群众的信仰世界里，历代祖先是一种最为尊敬，也是最为亲近的神灵，不仅要立神龛，将历代先祖按照世系辈序细列于其上，而且逢年过节要焚香备牲礼盛祭，三拜九叩，每餐必祭。除了祖先，三界公爷也深受毛南族群众的崇敬。所谓天地无极，乾坤分三界，为天、地、人，掌管三界的神为三界公，在众神

中，管辖范围最广、职能最大、最有权威。且传其最先饲养和繁殖耕牛，为毛南山乡特产“菜牛”养殖的鼻祖，又能看病施药，保佑老幼安康。所以，毛南族群众家中的神龛上，都立有“游天得道三界公爷之位”，逢年过节献牲礼上香祭之，祈求保佑。此外，那些历史上的英雄人物，也成为毛南山乡保家护寨之神，如李将军崇拜。李将军即汉代名将李广，因其武艺高强、骁勇善战、战绩彪炳而为毛南族群众所推崇。所以，村寨的东头、南面、西端、北侧等入村通道旁，都各置一小神龛，里面立一尊李将军塑像，并备木制的刀、剑之类的武器。这是毛南族群众崇尚李将军勇武，借其威名，赋其守村护寨的职责，防止妖魔鬼怪或凶禽猛兽进入村落危害村民。

要了解毛南族的宗教信仰，或许不必踏山深究，单从家家户户的中堂牌位上就可以深入他们的内心世界。牌位大同小异，正中间：“天地君亲师位”；右边：游天得道三界公爷之位、本部所属国昌社王之位、六国天尊圣母婆王之位；左边：环洲都头地主灵娘之位、五谷大帝农仙之位、本殿三元历代师主之位。[①] 这里，所有的追忆，所有的虔诚，都已经化在了牌前那一排排的酒杯里，以及那一堆堆的祭品中。

当牌前的香烟缥缈升起，当虔诚的跪姿此起彼伏，在神幻的意境中，善良、朴实的毛南族儿女，或许就这样，正与祖先亲昵，与鬼神沟通，与自然融合。

---

① 此是环江毛南族自治县下南乡南昌屯一户人家的中堂牌位，因此户为师公之家，所以供奉有三代圣师之位，其他普通人家则无此神位。匡自明，黄润柏主编．毛南族——广西环江县南昌屯调查．云南大学出版社，2004：445页．

第三章

石木之工

石是凝固的岁月，木是焚炼的精核。石与木，如时光的唇吻，与毛南族相依相恋，旷古永恒。没有谁能够说清楚，为什么毛南族儿女如此千年与石厮守，与木盟誓。因为山的坚硬、伟岸，还是因为木是生命之初，祖源之脉（传说谭姓始祖在树洞里繁衍后代）？也许，只有毛南山乡那巍峨挺拔的群山才能回答，只有村村寨寨那葱郁苍翠的林木才能解释。

第一节　承载历史的墓碑刻

去环江，去毛南山乡，一定得去一趟凤腾山，因为那不仅是毛南族的“圣山”，还是一座承载着毛南族历史的、光辉璀璨的艺术宝库。

凤腾山地处环江瑶族自治县下南乡堂八村，是谭氏始祖谭三孝的墓葬之地。据传，当年谭三孝官任广西庆远府河池知州，在任三年，母终丁忧，欲寻地葬母，以延子裔，于是请教于地理先生。地理先生曰：“余游过思恩毛南甲，见有一凤腾山，凤巢天穴，后来凤腾欲集，前面凤舞三台，龙降虎伏，水蓄沙匀，左仓右库，丰盈朝案，明堂正

阔，文笔奉授。天马迎攀，重叠拱复，兴隆万代，来脉千里，子孙星罗，穴合三奇，葬必骏发。”谭三孝于是“遂徒毛南甲，开囊捐金，买获颜家地基，即葬慈亲于凤腾山居业，于升平村娶方康振[①]女为妾，数年生四子：一时杰、字长荣，二时直，三时官，四时金，乃欢心置产。”[②] 又据谭氏后裔所述，当时地理先生指出凤腾山存在着三条脉线，左为贵线，右为富线，中间为人丁兴旺线，问谭三孝选择哪条线。谭三孝说既不要权贵，也不要富足，只求人丁兴旺。于是，地理先生将贵线和富线截断，单留下人丁兴旺线。谭三孝死后，后人将其葬于人丁兴旺线上，其子孙后代果然人丁兴旺，遍布上南、中南、下南三区，即“人丁遍三南”。

站在凤腾山上，四周群峰林立，清水环绕，视野豁然开阔。远处峰峦似贵人骑马迎面而来，左侧青山似百余随从扛旗摇幡，右侧青山如千万兵卒擂鼓呐喊，正前方三座土坡似三案连台，文武互张，勃发之兆，尽囊其中。谭三孝墓就矗立于半山腰中，后来的谭氏后人，死后也安安静静地长眠于其四周，依祖而靠，聚祖而眠。据统计，凤腾山有大大小小的古墓七百多座，[③] 多数建于清朝乾隆、嘉庆、道光、咸丰年间，现存清晰可辨的古墓有数十座。这里，不但是毛南族瞻仰祖先、寻根问祖的地方，而且也是最能体现毛南族精湛碑刻技艺的地方，可以说是一座毛南族碑刻的艺术宝库。

凤腾山的古墓，多以精致料石砌成，星罗棋布，碑阁林立。由于墓地所葬的多为毛南族的达官贵人、乡绅富豪，因此，多数古墓装饰得极为豪华气派，或雕花、鸟、虫、鱼，或刻龙、凤、虎、狮，或塑

① 《谭家世谱碑》记为“方刚振”。见毛南族谭氏谱牒编纂委员会编．毛南族谭氏谱牒，2004：20.

② 毛南族谭氏谱牒编纂委员会编．高川谭家世谱碑文．毛南族谭氏谱牒，2004：20.

③ 环江毛南族自治县概况编写组．广西环江毛南族自治县概况．广西民族出版社，1989：15.

毛南族古墓雕塑 （李桐摄）

城、池、楼、台，栩栩如生，庄严宏伟。如建于清朝咸丰年间的谭上达墓，高 4 米左右，分 3 层。第一层为城池状，前面是一对圆形石柱擎着的重檐阁面，有城门，有画廊，有雕柱，有窗棂，有盆景图案；或刻有盘旋而上的巨龙，或刻有花草纹饰，或刻有奔鹿跳猴，或刻有花树盆景；中间铭刻着主人的生平事迹，子孙世系，大字对联，字迹苍劲有力。第二层中间刻有姜太公雨中柳下垂钓，左边为武士林中挥鞭练武，右边是儒生书室挥毫疾书；其上又是重檐阁面，但较第一层稍小。第三层是一块巨石雕成的系着飘带的大葫芦，两尾尾翼凌空的大鲤鱼各居左右，下面装饰着云水翻腾的图案，显得气势磅礴，蔚为壮观。整座墓碑图文并茂，结构严谨，形象生动，远看那三层阁翼向上高高翘起，势态若飞，令人叹为观止。除此之外，各种墓碑上的诗联也独具特色，有表达感恩的，如“严君早逝恩难忘，淑儿用怀泪不干”；有表达愿望的，如“青龙生贵子，白虎出贤孙”；有表达意境的，

如“岭上梅花香千里，墓前明月照三更”；更有追述功绩的，如谭受益的墓碑上就写道：“圣心已得临同天，精忠常贯牛眠地。贞节并偕马厩封，翘首无从望斗山。”。墓碑上的字体或行草，或正楷，或颜筋柳骨，或魏碑篆体，书法刚劲有力。

这就是毛南族的墓碑石刻。在凤腾山，在毛南山乡的其他地方随处可见。大多数的墓碑用料讲究，墓室或圆或方，一般都饰有龙柱、钟鼓、人物、飞凤、游鱼、走兽、鸣鸟、花卉、楼阁、葫芦、阴阳八卦等浮雕图案。其雕刻工艺精细，庄重古朴，融合了圆雕、浮雕、镂雕、阴刻等多种技艺，精巧完美，颇具民族特色。

毛南族古墓雕塑　（李桐摄）

每一块墓碑石刻，延续的是一个家族的记忆，而谭三孝的墓碑石刻，承载的则是整个谭氏宗脉的历史。谭三孝的旧墓碑石刻现已残缺不清，今天矗立于凤腾山的，是谭氏宗族后人于 1996 年年初至 1997 年年末所修葺的祖陵。祖陵的左右，有两头巨大、威严的石狮护卫，中间两根雕柱擎天而立，重檐上正中央为一块龙腾浮雕，左右两个龙头，相背远眺。虽然，今天修葺的祖陵石雕少了些许历史的印迹，但新镌刻的碑文，却一如既往地追述着谭氏的宗脉。

所有对祖源的疑惑，所有流浪的心，所有追逐时光的脚步，在凤腾山上，在那铭刻着岁月印痕的墓碑上，在那刚劲深镌的碑文上，所有毛南族的谭氏儿女，都会寻到一种心灵的慰藉，找到一种精神的皈依，感到一种族脉的召唤。所以，与其研翻古籍、踏遍千山万壑去追寻毛南族的根，去探究毛南族的脉，不如就去一趟凤腾山。你可以选择一个阳光明媚的午后，请一位饱经风霜的长者同行，行走在弯弯曲曲的山路上，穿越过斑驳陆离的林木丛，卑恭虔诚地到凤腾山去朝圣，耳听长者清风细雨般的阐述，眼眺四周苍翠如黛的群山，手触历经雨浸风蚀但依然明朗清晰的碑文，你就会发现，一个名叫毛南的族群，正风尘仆仆、欢歌笑语地向你走来。

也正因为体现了一个民族的根源，珍藏了一个民族的记忆，融合了一个民族的情感，更因为其所蕴含的珍贵的民族文化价值，所以，凤腾山古墓群得到了上级相关部门的重视，并通过了各种措施加以保护。1996 年 3 月，环江毛南族自治县将凤腾山古墓群列为县级重点文物保护单位；2000 年 7 月，广西壮族自治区将凤腾山古墓群列为自治区级重点文物保护单位。从此，凤腾山古墓群得以更好地保存了下来，平静而自然地延续着毛南族儿女生生不息的万世族脉。

第二节　古老神秘的傩面雕

进行“肥套”仪式时，傩师都要戴着各种神灵的木制面具，这就是傩面具。

走进环江，第一眼看到的，就是“盛世祥傩”群雕。群雕就坐落在环江毛南族自治县民族文化公园里，由 72 块傩面垒成，分主体雕塑和五个副雕塑，主体雕塑高 18 米，宽 12 米，重量达 2000 多吨。整个雕塑占地 120 平方米，高大雄伟，号称“天下第一傩”，是环江毛南族自治县的标志性建筑，充分体现了毛南族文化的精髓。

据称，“盛世祥傩”雕塑的创意源自毛南族的“肥套”、“分龙节”的“棰牛仪式”以及《创世歌》中的“石块垒成山，泥块聚成地”的内容，蕴含着对大自然的认识，对生命的理解和对人性的尊重。逢年过节，无数的毛南族儿女，身穿戏服，脸罩傩面，不约而同地聚集在“盛世祥傩”前，如痴如醉地起舞。那庄严古朴的舞姿，那诡异华丽的傩面，在那一时刻，又穿过层层叠叠的时光，唤醒了人们那沉睡的、古老的记忆。

盛世祥傩　（俸代瑜摄）

自从有了“肥套”仪式，傩面具就如影随形。傩面具是傩事神灵的具体象征，素有 32 神、72 像之说，由民间傩师根据各神的身份、地位、功德、神威加以性格化雕刻而成，或典型塑造，或变形夸张，突出其善、恶、美、丑等性格。传世最全的为 36 神木面，有三娘、土地、万岁娘娘、花林仙官、三元、三界、社王、蒙官、雷王、瑶王等，每一个神的面具均用坚硬的整块木头雕刻而成，神态、面貌栩栩如生，极具想象力。或是笑容可掬，或是面目狰狞，或是平静安详，或是獠牙阔齿，或是温文尔雅，或是端庄祥和，神情各异，极其传神。比如，“雷王”木面具，红面横肉、阔嘴獠牙、眼珠瞪凸、浓眉倒竖，使人一看便知道它是作恶多端、催人索命的恶神，雕刻的刀法粗犷；而“圣母娘娘”却是樱嘴柳眉、丰满圆润、满面含笑的善神，雕刻的刀法细腻。

面具“瑶王婆” （李桐摄）

面具“瑶王” （李桐摄）

雕刻傩面，实际上就是在雕刻时光。环江毛南族自治县下南乡堂八村的谭信慈和洛阳镇平源李果场大河组的方振国，就是这样两位雕塑时光的老艺人。作为木面雕刻技艺的传承人，两位老艺人都与傩面有着不解之缘，或者说，一生与傩面坚贞不渝、相依相守。

谭信慈已经七十多岁了。在中国的年龄谱中，七十岁已经是古稀之年，唐代大诗人杜甫一句“人生七十古来稀”，表达了多少前人今后

事，这其中，有感叹、有总结的人生阅历，也有执着、乐观的人生态

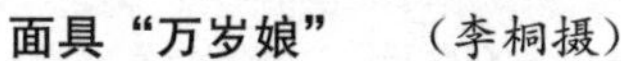

面具“万岁娘”　（李桐摄）

面具“三娘”　（李桐摄）

度。谭信慈的一生，就是这样执着、传奇的一生，因为当年正是他从“火堆里救出了毛南傩戏”。或许因为原始、古朴、神秘，又或许在一些特殊的岁月，那些原生态的传奇总被贴上封建迷信的标签，毛南族的傩戏也不例外，其书籍和道具相继被破坏、烧毁。是谭信慈，夜里从残火堆里扒出了几本傩戏的书籍，偷藏于箱底，这一藏，就是十几年。改革开放以后，随着党的“百花齐放，百家争鸣”方针的提出，傩戏终于迎来了属于自己的春天。但是，由于那

面具“九宫”　（李桐摄）

特殊年月的浩劫，傩戏已经面临着失传的边缘，傩面具的雕塑，更是几乎觅无传人。又是谭信慈，拿出仅存的书籍，秉着一颗热爱民族文化的心和一腔振兴民族文化的情，一段一段地回忆，一点一点地摸索，不仅对傩戏的唱词进行了重新整理，而且还根据书籍上的图像，并结合自己的想象，勾勒模型，反复研习，一刻一划，一刀一凿地进行傩面的雕刻。这时，谭信慈已经 44 岁了。30 年过去了，谭信慈就这样，在整理唱词、雕刻傩面、组建傩戏班子、进行傩戏表演的如梭岁月中，一遍又一遍地演绎、重复和延续着毛南族傩戏一样的人生。

方振国的家就坐落在洛阳镇平原园艺场里。这是一个普普通通的农家小院，屋外散落着一些犁耙撮箕等农具，充满了泥土的气息，与别的农家村舍没有任何区别。但一走进堂屋，就宛如走进了一个傩面的世界，原始而神秘、诡异而华丽。一张小方桌、一张小条凳、各式经过岁月打磨而变得黝黑的刀具，组成了方振国的工作台。在这简陋的工作台上，一面面神态各异、栩栩如生的傩面，就这样经过老艺人那充满了虔诚朴实的心灵和那饱经风霜的双手，一刀一凿地被雕刻了出来。与谭信慈的经历稍有不同的是，方振国出生于“傩戏世家”，曾祖父、祖父都是一代傩师，由于父亲去世得早，很小的时候，他就跟祖父走村串寨去做“肥套”。方家祖传下来的傩面，也是进行“肥套”仪式最常用的 36 面，分文、武、凶、善四类，还有道袍、锣鼓、响器以及各种法器等。在那特殊的年代，因为“傩戏世家”的缘故，方家自然也遭受了抢、砸、烧。是方振国，小心翼翼地将傩面藏好，为了避免遭洗劫，他将傩面分散藏在各地的亲戚处，一些甚至还藏在山洞里。十年浩劫过去了，方振国再去寻回傩面，但由于各种原因，只找回了十几面，到最后，同样因多种缘由，只剩下了 8 面。为了“给祖先一个交代”，方振国凭着原始的记忆，拿起了刻刀，由“傩师”向“雕刻师”转型，开始一刀一刀地恢复祖先的“荣光”。几十年过去了，

方振国也不知道自己究竟雕刻了多少面傩面，在他的概念里，有的只是模糊的记忆，说大约有2000多面。虽然数字是模糊的，但是傩面却是具体的，每一刀一划，他都要求得近似苛刻，苛刻到每一根胡子，每一缕头发，每一条纹络。那专注的深情，那精雕细琢的技艺，那飘如雨丝的木屑，让人有一种宛若隔世、不知今夕是何年的感觉。

面具“三界”　（李桐摄）

面具“良吾”　（李桐摄）

或许世间每一种事物注定要为另一种事物而活，“恩木”就是这样一种为“傩面”而活的树种。至于为何叫“恩木”，有可能是毛南语的汉语音译，也有可能是一些记录者的文学意象，将其赋予“恩”音，是为还愿感恩之意。且不去计较字面上的猜测，但用“恩木”雕刻出来的木面，确实不易开裂、不易生虫、易于保存，所以今天流传下来的那些古傩面，才能够经受得住几百年岁月的侵蚀和虫蚁的吞噬而还如此光艳照人、栩栩如生。有了“恩木”这种特殊的质材，还得有精雕细琢的技艺。每一面傩面，都由长约30厘米左右的“恩木”雕刻而成，各代表着一位神祇。一面傩面，要经过手锯、砍切、刮刨、笔绘、初雕、细刻、打磨、上色等10余道工序，耗时一个星期左右方能制成，工艺复杂，技术精细。不同的神祇，有不同的造型和神态，所以，木面的雕刻过程，实际上就是一种与神灵对话、揣摩神灵情趣的过程，而这种意境，没有多年的沉淀和深厚的功力是无法达到的。只有岁月的积累，只有时间的磨炼，才能将心中膜拜的神意升华，才能尽情肆意地雕刻神貌，而年少轻狂的心是无法与神沟通，无法雕刻时光的。也正是谭信慈、方振国他们那种颠沛流离的人生阅历，卑恭虔诚的信仰操守和坚韧不拔的精神守望，才使得岁月如此经得住锻造打磨，才使得众多神祇如此具备了人类的喜怒哀乐，如此自由飘逸地神游于人的世界。

但傩面雕刻也如世间生命轮回一样，有荣也有衰。随着老傩师一个又一个相继逝去，傩面雕刻的技艺也正在与我们渐行渐远。因为傩面雕刻是一种心灵与精神的雕刻，也因为傩面制作的周期长，销售渠道少，缺乏实际的经济效益，年轻一代已经无传承的动力。可喜的是，随着2006年“毛南族肥套”被列为第一批国家级非物质文化遗产名录，傩面雕刻开始得到了国家和政府的重视，各种抢救措施也提到了日程上，详细而具体。这种保护措施，不是为了点缀歌舞升平，是因为傩面的雕刻，不仅承载着千百年来毛南人的祖源记忆，而且还隐藏着这个民族千百年来坚守的文化密码。

傩戏里，戴上面具就可以与鬼神相通，神游天地。实际上，傩面下，是毛南族人与祖先相聚的华美盛宴，其中的薪火传承，浓烈而执着。

第三节　情深意切的花竹帽

毛南族的爱情，是编织出来的。

这是一个有关于“花竹帽”的爱情故事，美丽而缠绵。古时候，在毛南山乡有一位善良美丽的毛南族姑娘叫依英，虽然家里很贫穷，但是她很聪明、勤劳，耕田种地、织布绣花，样样精通，而且天生一副好嗓音，歌声婉转清脆，唱得枝头百灵噤声、鹩哥羞涩。很多小伙子慕名前来对歌，以求佳偶，但都不是姑娘的意中人。有一年，一位叫金哥的汉族小伙子从北方流浪至毛南山乡。金哥身材高大，长相俊秀，而且有着编织的好手艺。一天，金哥发现山坳里有一片金黄色的竹子和一片乌黑的竹子，于是将金竹和墨竹砍下来，破开，削成细长的薄篾，金墨相间，编织成了一顶非常漂亮的花竹帽，经常戴着下地劳动。有一天，依英和金哥在地里劳动，天下起雨来，他们不约而同地到一屋檐下避雨。雨停了，天空晴朗了，依英一抬头，看见了金哥戴着的花竹帽下的那金黄色的和墨绿色细篾编织成的美丽的花，情不自禁地叫了起来：“顶卡花！顶卡花（毛南语，意为‘帽子下面的花’）！真漂亮！”金哥见依英这么喜爱花竹帽，就将花竹帽送给了她，于是，花竹帽无形中成为了两人相爱的信物。从此，依英无论是晴天雨天，走村串寨，都戴着金哥送给的花竹帽。依英顶上美丽的花竹帽，一传十、十传百，就像一缕缕春风，传遍了整个毛南山乡。许多艳羡的男女青年纷纷向金哥学艺，花竹帽的编织手艺很快就传遍了毛南山乡。最后，因为美丽的花竹帽，金哥和依英相知相依，结成了美好的姻缘。①

另一说法是：传说很久以前，在毛南山乡有一个善良勤劳的毛南

① 莫家仁．毛南族．民族出版社，1988：52～53.

族小伙子，家里无田无地，只有一把锋利的破篾刀和一身精湛的编织手艺。因家穷，小伙子讨不起媳妇。一天，小伙子用毛南山乡的特产金竹和墨竹编织成了一顶漂亮的花竹帽，戴上它去赶圩，走到半路，忽然后面传来了悦耳动听的歌声："人家都说孔雀住山林，我见孔雀跟后生。崭新一顶花竹帽，好像孔雀开满屏。他是赶圩拿去卖，还是送给意中人？若是拿去换金银，愿拿磨盘大的银枚换一顶；若是送给意中人，意中的人住哪村？哪个妹子得到这顶帽，世上算她逢好运。"小伙子回头一看，原来是一位美丽的姑娘，她看上了这顶花纹别致而又精巧的花竹帽了，于是也清清嗓子，引吭对唱："人家都说凤凰美，凤凰哪比这阿妹。人家都说蜜糖甜，甜不过阿妹这张嘴。昨晚喝了一碗蜜，今早起来已无味。妹的歌声进心田，年头甜到年尾尾。得妹看中

毛南族花竹帽　（李桐摄）

我的帽，心中层层浪花飞。若妹真爱这顶帽，哪还劳妹送银枚!”① 于是，两人一对一答，竟忘记了赶圩，直到日斜西山，赶圩人回归，他们还在深情对唱，个中情意，已经融化在了悠扬的歌声中。后来，小伙子将花竹帽送给了姑娘，姑娘也送给了小伙子一双新布鞋，从此山盟海誓，缘定终身。

这就是花竹帽的爱情故事。花竹帽，毛南语又叫“顶卡花”，意即帽底编花，是毛南族特有的一种手工艺品，既可作为妇女的一种雨具，又可作为一种珍贵的装饰品。最重要的是，在毛南山乡，花竹帽代表着美好、幸福，成为男女定情的贵重礼物，是毛南族人民追求和向往幸福生活的象征。每逢春节、分龙节、中秋节等节日，毛南族的男女青年都身着节日盛装，相聚对歌。如果彼此情投意合，小伙子就会将带来的一顶美丽的花竹帽送给意中人；姑娘若是也喜欢小伙子，就会收下花竹帽，并将自己带来的精致布鞋赠与小伙子。这时，姻缘已经注定，幸福开始牵手。

花竹帽所蕴含的浓情蜜意，决定了编织花竹帽必须用心、用情。进行花竹帽的编织，首先是选材。须在夏至后立秋前选材，这时候，毛南山乡的金竹、墨竹修直匀称、坚韧而富有弹性。如果过早，竹材寒湿太重；如果过晚，竹材经霜后篾皮易脆。其次是破竹。先将竹子破成细如发的篾丝和薄如纸的篾片，轻轻地拉搓，使篾子变得又长又滑，然后将篾丝、篾片放入水中，浸泡一昼夜，再捞起来晾干。所有的材料准备好后，下一步的工作就是编织。编织的工具非常简单，一般是一个高约 0.6 米的木制三脚架，一只脚稍长，两只脚稍短，架起来像一尊土炮。编织时，将帽架子套在炮口上，坐定编织。先编织表层，后编织里层：表层篾子较细，由 15 片约半厘米宽的主篾组成，每层主篾分 48 片分篾，共 720 片，加上 60 片横栅交叉编织；里层的篾

① 卢敏飞，蒙国荣．毛南山乡风情录．四川民族出版社，1994：284～285．

子较粗，由12片主篾组成，每片主篾分成30片分篾，共360片，加上20片横栅交叉编织。表层编织细密达到密不透光、不渗雨的程度，其边沿用金墨细篾交织成壮锦似的多层花边，整个帽面上平整光滑；里层外沿用金墨细篾交织成一道10～15厘米宽的花带，花带中是均匀整齐的菱形图案，图案中交织出梅花点等，构图精美，技艺精致，可与艳丽的壮锦相媲美。帽顶上，用主篾编织成十几个像蜂窝眼一样大小的洞眼；帽下正中配有金色细篾织成的高约12厘米的弹性垫圈，戴时通风爽快，轻盈舒适。表里两层编织成后，先在里层上面覆盖2～3层砂皮纸，在顶部先覆上一块花布，再盖上一块深蓝布，然后将表层盖在里层上，用长篾沿其边沿将两层串紧。整个花竹帽编织好后，为了保持其色泽光亮和预防虫蛀，还要用当地出产的一种汁金黄而性苦的植物来进行熏蒸。戴在头上时，再系上两根彩绒线带，轻巧、飘逸，绚丽多彩。

一首出嫁时的《叮嘱歌》，道出了花竹帽在毛南族妇女社会交际生活中的重要性：“哪个姑娘要出嫁，买花竹帽最要紧。被帐鞋盆放其次，先看帽子新不新？新娘少顶花竹帽，伴娘也觉丑三分。浑身绫罗缺这个，莫想跨进婆家门。”[①] 美丽动人的爱情故事、精美严谨的编织技艺、亮丽美观的独特造型，使花竹帽与傩舞、傩面一样，成为毛南族的“三大族宝”，不仅毛南族妇女喜爱，而且也深受周围其他民族妇女的青睐，她们时常成群结伴地到毛南山乡的圩场选购自己中意的帽子。由于做工精细，造型漂亮，边花层数越多，价格越贵。旧时，一顶七层边花的花竹帽就卖5～6元“东毫”（“东毫”为新中国成立前广东省铸造的银币，一东毫在当时可以买到50斤大米），非富贵人家的女子不会拥有，贫苦的毛南族劳动妇女，在出嫁时能够戴上五层边花的花竹帽，已经是近乎奢求。新中国成立以后，随着毛南山区与外面

① 卢敏飞，蒙国荣．毛南山乡风情录．四川民族出版社，1994：286.

世界交流日趋频繁，花竹帽的需求量大增，编织生产进入了黄金时代，远销全国各地。除作为一种日常雨具外，花竹帽还是一种珍贵的艺术品，曾多次参加广西壮族自治区、中南地区和全国少数民族工艺品展览，博得了观众的好评，迄今已成为许多博物馆的馆藏物品，不仅饮誉全国，而且蜚声海外。

毛南族工匠编织花竹帽　（李桐摄）

花竹帽作为一种女子雨具和装饰品，旧时编织者众多，新中国成立初期，仅下南乡，就有10余名老篾师以毛竹帽编织手艺享誉乡内外。改革开放以后，随着现代雨具进入人们的日常生活，花竹帽也逐渐淡出了人们的视野，逐渐失去了实用价值。同时，随着时代观念的强势渗透，传统的花竹帽定情，已经不再受年轻人的青睐，花竹帽定情，这曾经风靡毛南山乡的美丽情缘，如今也渐趋成为一种故事，遗为一种传说。实用性及传统性的衰微，也导致了花竹帽编织工匠群体的零落，这一过程，也许只有下南乡古周村谭顺美才能体味到其中的繁华与落寞。

下南乡古周村，这里曾经是远近闻名的“编织村”，新中国成立前，村里就有30多位花竹帽的编织工匠。谭顺美就是在这种编织时光与爱情的环境中长大的：少年时，从父学艺，19岁“出师”，从此与金竹墨竹为伴，编织着岁月，也编织着爱情。20世纪90年代，下南乡政府一位干部到古周村检查工作，看到一位年约六旬的老人编织的箩筐非常精细，不仅赞叹几句，谁知这位老人说："这不算什么，我以前编织的'顶卡花'，那才叫好看呢。"如此淡然的话语，或是自豪、或是记忆、或是失落，已尽溢于言表了。这就是谭顺美，在他说这句话时，村里那些会编织花竹帽的艺人已经相继逝世，只剩下他自己一个人了。谭顺美也没有想到，自己怀揣的花竹帽编织技艺转眼间已经成为绝技，在当时的整个环江，乃至全国，掌握这门技艺的，也只有他一个人了。90年代末期，当相关部门意识到要抢救花竹帽技艺，找到谭顺美，要他"出山"，传授年轻人编织花竹帽技艺时，他一方面因年纪大了，另一方面手艺已荒废多年，竟一下子记不起来如何编织花竹帽了。最后，谭顺美只好一边回忆，一边慢慢实践，经过几个月的摸索，才渐渐回忆起全套的花竹帽编织手艺。

所幸的是，进入21世纪后，环江毛南族自治县人民政府及相关部门加大了对花竹帽技艺的抢救和保护工作：一是，2002～2004年，环江毛南族自治县县委、县政府每年均召开主题会议，研究花竹帽工艺的保护工作；二是，2004年，成立花竹帽工艺保护领导小组，并制定了《花竹帽保护工作规划》和《花竹帽保护工作实施方案》；三是，2004～2005年，组织了两次花竹帽普查活动和专项调查工作，建立了初具规模的花竹帽调查资料数据库；四是，2005年，创建下南乡古周村毛南族花竹帽工艺保护点，并决定今后每年拨款6万～10万元，专用于花竹帽工艺的保护、传承和技艺培训工作；五是，不定期举办花竹帽编织工艺培训班，由谭顺美传授编织技艺，培养花竹帽编织工艺传人。在环江实施拯救花竹帽编织技艺保护措施的推动下，越来越多的年轻人开始重新走近花竹帽，又一片一篾地编织起了毛南山乡美丽的爱情故事。

"送妹一顶花竹帽，哥今回到妹身边，啰嗨！金竹墨竹紧相织，哥

妹同心永相连，啰嗨！异乡奔波心念妹，上山砍竹把帽编，啰嗨！送妹一顶花竹帽，哥今回到妹身边，啰嗨！小小竹帽妹戴上，妹心欢喜哥心甜，啰嗨！金竹墨竹紧相织，哥妹同心永相连，啰嗨！”① 当这首花竹帽的《啰嗨歌》在毛南山乡的上空响起时，那多情的岁月，又这样如约而至了。

① 莫家仁．毛南族．民族出版社，1988：54、55.

第四章

天人合一

以天地为盟，以自然为伴，是毛南族的人生哲学。行走在毛南山乡，一切都那么的纯真，一切都那么的自然。石砌的小路、木筑的房子、竹编的家具，连那村角袅袅升起的炊烟，暖暖地透过那绿树枝梢，迎面扑来的，除了那浓浓的柴烟味，还浸润着刚从田野里采来的青味。一群孩童，身着绿树红花样的衣裳，从村角路头欢撒而出，一下子又融进了绿野清风的怀抱中。这就是毛南族，大自然最纯真、最淳朴，也最善良的精灵。

第一节　石凝岁月　木筑人生

毛南族所居住的村落，在毛南语中，只有两个概称：一为“板”，二为“峝”。[①]“板”是指地形比较开阔、生产条件比较优越、交通社交比较便利、经济文化比较发达的坝子；“峝”相对于“板”而言，是指大石山区的小平地，土地贫瘠，环境恶劣。“板”与“峝”的来源，或为毛南语汉译记音，或为某种传说之延义。这些都无须考究，仅从毛

---

① 谭宏宇．毛南地名考//毛南族谭氏谱牒编纂委员会．毛南族谭氏谱牒．2004：31.

南人以地名族的渊源来看，崇天而活，倚山而居，依地而存，或许可以解释毛南族为何如此地依恋自然、崇尚自然和回归自然。

无论是“板”还是“峝”，毛南族所居住的房子，都是清一色的“干栏石楼”。所谓的“干栏”，就是上下两层，上层住人，下层圈养牲口以及堆放柴草、农具等杂物的建筑。这种建筑具有适应南方气候特征以及防潮、防兽、防盗的功能，壮族、瑶族、苗族等南方少数民族都喜欢以此为居。但毛南族的“干栏式”建筑又略有不同。毛南族深居大山，周围有取之不尽、用之不竭的石材，因此，在造房的时候，先用料石砌成三面围墙，然后在石墙上舂泥墙，形成下石上土、石泥各半的结构；正面则筑以全木，以板为墙，构板为门；再以长方条石砌成石梯，层层叠叠，直通二层；屋顶则盖以瓦片。这种石基、石墙、泥墙、版门、瓦顶所构成的建筑，又叫作“干栏石楼”，是毛南山乡一道亮丽的风景线。

毛南族之所以建造“干栏石楼”，一说与他们居住的自然环境有关。大石山区逢雨季，时常有山洪暴发，面对山洪，石墙比泥墙更加牢固，不仅可抵御山洪，而且以石为墙，美观大方。一说这是传承祖先遗风。毛南族《创世歌》里有唱词，祖先原来是“人住石岩下，日夜睡洞里……”后来，子孙后代虽然搬出了岩洞，但还是恪守祖先的遗训和遗风。无论何种缘由，以石为居，繁衍生息，这早已成为毛南族的一种居住格局，形成了一种生活习尚。走进毛南族的居所，就仿佛走进了一个石雕的世界：石基、石柱、石阶、石坎，就连桌子、凳子、水缸、水盆、晒台、牛栏、猪栏，都是石料垒砌或雕凿的。一些大户人家，石基全部用巨大的、精致的料石砌成，一般有几百斤重，甚至上千斤重，所需的料石都经过精心选择，并且都经过石匠们的精雕细琢，石面平整，纹路清晰。墙也用青砖砌成，顶盖青瓦，整座房子窗棂镂花，雕梁画栋，颇为气派。山墙前后，还要以料石雕成各种镇宅灵兽和吉祥物，如或雕成腾龙，或凿成飞凤，前后呼应，引歌和鸣。石阶均用平整、长条的料石垒砌而成，门槛及两侧还摆有刻着金钱、元宝、如意、葫芦以及各种花鸟虫鱼图案的石凳；一些人家还修有门楼，砌以石墙，将屋前围成一个宽敞的庭院，俨然一座石头的宫殿。

有石凝岁月，自然也有木筑人生，毛南族的“干栏石楼”，以石为骨，同样也以木为架，石木相融，共延时光。石墙砌好后，就开始筑构木架进行支撑，这就是俗称的“屋排”。“屋排”每排由两根母柱、两根子柱和数块木枦组成，每根柱底都垫以石柱墩，以防木柱泡水受潮而腐烂。“屋排”的多少以门面的间数而定，三间的用两排“屋排”，四间的用三排“屋排”，五间的用四排“屋排”，依次类推，使用“屋排”的数量越多，房子的规模就越大。房屋正中一间的顶端放正梁，正梁修裁成六菱形，并以朱砂涂成红色，朝地的一端写上“梁文”，大致的内容为建房上梁的时间、屋主的地址名讳等。正梁一间设大门，门为两块大厚板，板上有铁制或铜制的门环，门背有门栓。沿门前石阶直入厅堂，首先看见的是正面的板壁，上面置有用木板镶成花边状的神龛，神龛内贴有“天地君亲师位”的红纸，龛前放有香炉、花瓶及各种祭品。龛下摆有一张八仙桌，两边放有长条凳或者是太师椅，供宾客就座。厅堂后为屋主夫妻居室，以板隔为两间，两侧则为厢房，同样以木板相隔，作为子女卧室或客房。[①] 整个房屋，就是木构的世界，正大门、屋梁房柱、卧室隔层等，均为硬木制成，抗雨、抗晒、防虫咬；卧室、客厅、厨房等布局坐落有致，设计颇具匠心。

毛南族这种石木结构的建筑在环江毛南族自治县下南乡南昌屯得到了很好的诠释。南昌屯，毛南话称为“要昌”，相传为毛南族谭氏发祥地之一。当年，谭氏始祖谭三孝由河池州挂印逃官，星夜兼程，来

---

① 覃乃昌主编．广西世居民族．广西民族出版社，2004：173、174.

到了毛南山乡三百弄（今下南乡城开屯），其时已人困马乏，但由于周围山高林密，虎啸猿啼，顾不上疲劳，又打着火把沿羊肠小道来到今南昌屯西面龙眉山城亭弄，这时天已大亮，于是顺路下山来到今南昌屯的村脚处休息。不料其妻此时正好临盆，由于四周荒无人烟，只好选择在几步外的一棵大树的树洞里进行生产，产下了谭氏第二代始祖谭时杰。谭三孝见此处山水秀丽，认为将来必为人丁兴旺之地，于是便决定在此定居。落籍定居后，谭三孝又与当地土著方氏结盟联姻，历经数年后，不仅族势逐渐庞大，而且由于长期和当地土著交往交融，也形成了一种特殊的语言——毛南语。按照毛南语的音译，树的根叫作“昌”，树洞里就叫作“要昌”，意即毛南族谭家的第二代始祖就是在树洞里出生。① 随着时间的流逝，“要昌”逐渐演化成今天的“南昌”。

或许因为始祖的庇护与恩泽，又或许是因为谭氏子孙的勤劳与聪慧，自清朝伊始，南昌屯人杰地灵，文韬武略，人才辈出，其中，谭国璋及谭受益父子便是其中的代表。受谭国璋、谭受益家族以及谭氏“八疆”的影响，南昌屯逐渐富裕了起来，各种传统文化及艺术也因而逐渐兴盛，尤以房屋建筑最为典型。南昌屯的富豪权贵们为了显示自己的身份和地位，均大兴土木，筑建豪宅。但由于权位的高低，房屋的建造形式也有所不同。比如，谭受益的祖宅，占地面积宽阔，呈四合院的形式，屋顶雕龙画凤，前有房屋，后置宅院，两侧立厢房，中间为青石板铺成的天井，平整、宽阔，有水井，有石缸；大门阶梯均用长约 3 米、平整的大青石板砌成，两旁则装饰有精制条石，上面雕刻有铁拐、箭筒、宝剑、玉箫、银洋板、玉如意、宝扇、花篮等八仙的法器，形象逼真，造型精美；大门前有 4 米高、5 米宽的照壁，照壁上红日出海，图案雄奇，气势磅礴。整座房屋构造宏伟，气度不凡。

---

① 匡自明，黄润柏．毛南族——广西环江县南昌屯调查．云南大学出版社，2004：6、7.

与毛南族传统民居不同的是，谭受益的祖宅坐落在村子的最高点，并不是直接在平地上筑建房屋，而是先利用石块砌墙、中间夯土垫起1米高左右的地基后才在上面建房的，充分显示了屋主高人一等的权势和地位；同时，它也不是传统的“干栏石楼”，不分上下两层，而是在一旁另筑房屋饲养牲口，人畜分开，这也彰显了屋主的权贵和尊崇。除了谭受益的祖宅外，其他富豪的房屋也石雕玉砌、雕梁画柱、气势宏伟，充分体现了毛南族工匠高超的技艺。

当觅古的脚步踏进南昌屯，只见四面环山，中间一条清澈见底的小河蜿蜒而过，两岸是一片开阔平整的田地。时值夏收季节，稻浪翻腾，微风溢香，空气中到处散发着一阵阵乡土的气息。田间地头间或一两方鱼塘，水平如镜，偶尔一阵清风，凌波鱼跃，极具神趣；河堤水面两三群鸭子，或是潜水觅食，或是交颈狎戏，神情怡然；加上那清晨涉水的水牛和弯腰洗衣的农妇，构成了一幅和谐安静的乡村生活图景。现实是如此恬静宜人，但以往的繁华却已经湮灭在岁月的长河中。时光是把无情的刀，会层层剥落华丽的容颜，南昌屯的古建筑也已经逐渐褪去了昨日的繁华。在新中国成立初期，南昌屯村口还立有一座10米左右的石拱门，具体年代已经无据可考，但据村中长者推敲，此座石拱门应该是在谭受益封官晋爵时建立的。经老人们回忆，石拱门在当时的南昌屯起到两大功用，一方

环江北宋牌坊雕塑　（李桐摄）

面作为村民们进出的主要通道，另一方面作为一种权威和象征。虽然石拱门的造型、规模已经在记忆中模糊，但镌刻其上的对联却依旧清晰。对联的上联为："南岭峰高待过堤桥司马"，下联为："昌门水近岂无卧阁闲龙"，横批为："霞光澈天"。此联据说是当地一位著名文人所撰，为藏头联，取前头两字即为"南昌"，内容涉及诸葛亮、苏东坡等名人，意为南昌屯人杰地灵，人才辈出，意境深远，且字迹笔法颜筋柳骨，刚劲有力。但今天，小河依旧潺流，清风依旧拂柳，古迹却无处寻觅。

第二节　百味用酸

"卖货生理，苗语难通，生疏礼貌，百味用酸。"[①] 这应该是毛南族嗜喜酸食的最早记载了。

行走于毛南山乡，尝遍百家美食，百味不离其酸。这就是毛南族的食酸生活。毛南山乡的酸食种类很多，醇香可口，香气宜人，既可解酒除腻，又可促进食欲。酸食的制作方法也既独特又简单，取材于周边，储藏于陶罐，可储存多年，经久不变，愈久愈酸，愈酸愈有风味。在种类繁多的酸食中，以"腩醒"、"瓮煨"、"素发"（毛南语，"腩醒"即"酸肉"、"瓮煨"即"酸汤"、"素发"即"螺蛳酸"）最为普遍，是毛南族最喜欢的三种酸品，俗称"毛南三酸"，为"百味用酸"之冠，称为"百酸"之王。[②]

"腩醒"即酸肉，用新鲜的猪肉或牛肉腌制而成，一般不用苍蝇蚊子叮咬过的，否则在制作的过程中会生虫。制作的方法是：先将新鲜的肉洗干净，用火烧至出油，切成任意大小的肉块；然后将粗盐（生

① 《毛南族谭氏谱牒》编纂委员会编．谭家世谱碑/毛南族谭氏谱牒，2004：20.

② 卢敏飞，蒙国荣．毛南山乡风情录．四川民族出版社，1994：79.

盐）碾成细粉，放入肉块均匀搅拌；接下来将用盐腌制后的肉块放进簸箕里，用木板盖上，压上石头，放置两三天，待水分挤干；然后，蒸煮糯米，要熟而不烂，这时，将之与晾干水分后的肉块搅拌，这一步骤煮熟的糯米要趁热，越热制成的酸肉越酸；最后，将搅拌好的肉块放入坛中，密封放置，一般10天后即可食用，但多数是放置两三个月，时间越久，腌制出来的酸肉就越鲜美。食用时，可以直接食用，或将之蒸煮之后再食用则更加鲜美，不仅香气扑鼻、让人垂涎欲滴，而且肉质变得更加细嫩、甜滑，其味酸甜可口，有清胃健脾、增强食欲的功效。所以，毛南族民谣有“一家吃腩醒，九家软肚肠；一餐吃腩醒，三天嘴还香”之说，可见腩醒在毛南山乡饮食谱上的重要地位。

至于毛南族为何喜欢吃酸肉，有分析说，这是因为毛南山乡地处崇山峻岭，交通不便，赶一趟圩，一般来回要一天，加上旧时物质匮乏，一旦客人来到，一时难筹到待客佳肴，而且如果天气热，买回来的肉容易发臭腐烂，破坏了待客的氛围，于是聪明的毛南族群众就想出了腌制酸肉的这一点子。这样，经过腌制过的酸肉，无论是热天还是冷天，都可以避免生肉发臭腐烂，而且还可以长久储备，同时也保持了肉质的鲜甜甘美。现在，酸肉不仅成为毛南山乡一道别具一格、风味独特的待客佳肴，而且在相当长的时期内还成为衡量一个家庭经济生活水平的标志。腌制的酸肉越多，说明家庭越富裕，否则，不但说明家庭贫困，还被视为待客不能热情至诚。一种环境，逼出一个点子；一个点子，成就了一道佳肴。或许，这就是一方水土养一方人，一隅之地，也会有一境的美食。

“瓮煨”即酸汤，为一种特殊的酸盐水，主要原料为盐、藠头、青椒等。制作的方法是：先将粗盐（生盐）放进水中，煮开，使其溶化，待其冷却后滤去杂质，倒进坛中；其次采集新鲜的藠头，洗净，晒干，倒进生石灰水浸泡一段时间，捞出再晾干；然后将浸泡晾干过的藠头

倒入事先制作好的盐水坛中，再放些青椒，密封，让两者发酵、变酸，静置约一个月后就制成了“瓮煨”。据称，之所以需要粗盐、藠头、青椒等质材，是因为盐水可以防止食物变腐发臭；藠头可以起到充当发酵菌的作用，使腌制物发酵变酸；青椒则属于一种配料，其独特的香气和辣味，可以起到催促和增添滋味的作用。

“瓮煨”实际上是一种母液，这种母液，可以腌制各种酸菜，如腌制青菜、豆角、黄豆、萝卜、刀豆、生姜、番茄等，只要将可食用的食物倒进坛子里腌制一段时间，就可得到酸辣可口的美食。一坛“瓮煨”可以多次重复使用，一旦发现坛里酸味变淡，可以随时加入藠头和些许黄豆；水少或者水干了，也可以加入适量盐水，以保持一定的酸味。“瓮煨”不仅可以腌制蔬菜和瓜果类，同样可以腌制一些煮熟了的肉制品，如肥猪肉、猪头、猪脚、猪耳朵、猪尾巴等。将以上肉制品放进“瓮煨”里，很快就会发酵、脆化、变酸、溢香，这就制成了毛南语称为“腩清”的风味食品，其肉质滑嫩爽口、酸辣清甜，有消除油腻、醒酒提神的绝佳功效，是诸“瓮煨”酸品中的上品。到毛南人家中做客，是一定要尝尝“腩清”的。当推杯换盏、酒酣耳热之际，好客的主人就会夹起切成薄片的“腩清”请客人品尝。几块“腩清”下肚，顿时醒酒解腻、神清气爽，于是重振食欲，举杯再饮，直至月上梢头，情醉毛南山乡。

“素发”即螺蛳酸，主要的原料为螺蛳和猪筒骨。这里的螺蛳，毛南族叫“规蹄”，为山溪里生长的一种大钉螺，用田螺也行，但一般不用河螺和塘螺，因为用这两种螺为原料制出来的汤，气味难闻，且味道不纯，难饮。制法是：先将螺蛳洗干净，用植物油炒熟（一般不用猪油，怕变味，味道不纯），待其熟透、晾晒后放进装有生糯米和淘米水的坛子里。淘米水一般为第一道淘米水，越浓效果越佳；其次将猪筒骨洗净后，用火将表皮烧焦烧熟，直至烤香滴油；最后将猪筒骨放进坛子里密封，一般放置20天左右就可以倒出坛里的汤水来喝。捞取汤水时，要搅拌取汤，但不能捞起汤渣，捞汤后要及时将坛口盖好。坛里的汤水少了再另添淘米水，螺蛳、糯米粒化尽了也要适当添补，同时可以丢进一些洗干净的鸡蛋壳，日子久了，坛子里的骨头会变软，鸡蛋壳也会溶化，这样腌制出来的汤水更有一番风味。

螺蛳酸是毛南族群众的清凉饮料，有增强体力、促进消化的功能，在炎炎夏日，还有解热去痧的作用，以此来防中暑。螺蛳酸可以直接喝，也可以煮来喝，或是在煮的时候放一个鸡蛋，调以葱花、韭菜、番茄、辣椒、食盐等，效果更佳。可以用来增进食欲，虽然饭量大增，但不感到腹胀；可以用来佐餐，增加饭量，避免上山下地劳动时，因路途遥远赶不及回家吃饭而挨饥受饿；也可以拿来当菜肴，在蔬菜淡季，煮开一碗螺蛳汤，便是绝佳的美味；还可以当饮料用，力疲或困乏之时，倒一碗螺蛳汤，一饮而尽，可以提神醒脑，增强体力。品尝螺蛳酸时的感觉有点类似品尝“臭豆腐”，初次喝的人可能会感觉不惯，甚至咽不下，但习惯了就会觉得酸甜爽口，沁人心脾。毛南族因何喜食螺蛳酸，这可能是其先民喜生食水生小动物的食俗的残余，古籍载：“东南之人食水产……龟蛤螺蚌以为珍味，不觉其腥臊也。”民间至今还流传着一个小伙子去钓鱼而喜得螺蛳姑娘为妻的故事，可见毛南族食螺蛳的风俗源远流长。

除了“毛南三酸”之外，一个用酸调味的典型就是“鸭酱”。“鸭酱”是用于白切鸭，也可以用于白切肉的一种蘸酱。做法是：先在碗里放上适量酸醋或酸水，杀鸭时，将鸭血滴入碗里，放置。进餐时，将切碎的辣椒、生姜、大蒜、香菜、紫苏以及精盐等放入碗中，用筷子搅拌，直至变成灰色或灰红色就可以直接食用。也有将搅拌好的鸭血放入蒸锅蒸煮，约10分钟后，待鸭血由稀变稠，颜色呈灰白色再食用。也有用生牛血或生猪血代替鸭血来做蘸酱的，认为这两者有补身

益体的功效。吃鸭肉时，蘸些鸭酱佐食，无腥臊味，也不腻人，味道酸辣而鲜甜可口。

因“百味用酸”，从而使得酸肉、酸菜、酸汤、酸辣椒、酸黄瓜、酸番茄、酸萝卜、酸豆角、酸木瓜等在毛南山乡盛行。用毛南族群众的话说，可食的一切皆可入酸。为何酸味食品在毛南山乡盛行，有研究指出：一是受地形和地质环境影响。因广西地形以丘陵山地为主，山高林密，将蔬菜、肉类等制成酸食，可以长久保存；又因广西多岩溶地貌，多碳酸钙土质，常食酸品可以使体内的酸碱达到平衡，满足健康需要。二是受气候条件影响，南方气候潮湿，易流行腹泻、痢疾等疾病，而食酸不仅可以提高食欲，还可止泻、助消化、防中暑，如螺蛳酸就能起到这种功效。三是受饮食结构影响。广西壮族自治区的少数民族多以大米、糯米为主食，而糯米吃多会影响肠胃消化，需要酸食来帮助消化，久而久之，食酸成为了一种饮食习俗。[①] 或许，研究是科学的，也是客观的，但质朴的毛南族群众的回答却很简单：“因为这是传统的习俗。”是啊，因为传统，所以喜欢，所以沿袭，所以传承；也因为传统，毛南族的足印，才能遍布今天毛南山乡的山山水水。

第三节　天然饮食

族以地名，而饭以族名，这在中华民族大家庭中或许还是一个先例。这就是毛南族的真与诚吧。当你到一个毛南族的家里去做客，主人对你说，今天就吃“毛南饭”的话时，有可能你会失笑，殊不知，主人家要你品尝的是一种毛南山乡的风味食品。

“毛南饭”，毛南话称为“江马”，意即配有菜的粥，实际上就是一

---

① 刘覃波，滕兰花．广西民族地区酸食习俗及其成因初探．南宁职业技术学院学报，2011（5）．

种粥与菜混合的大杂烩，有玉米、豆角、南瓜、竹笋、南瓜花、南瓜苗、辣椒等。制作“毛南饭”工序虽然简单，但却需要时间和耐心：首先选择饱满结实的玉米粒，用石磨将其磨碎，筛去米粉、秕糠，剩下玉米头，再用石碓将玉米头轻轻舂成亮晶晶的、更细小的玉米心；然后将玉米心放入锅中，倒进适量的冷水，引火煮熟，再将事先筛下的玉米粉以及鲜豆角、南瓜、竹笋等倒入其中一起煮；最后，待锅中的水翻滚后，再放入南瓜花和南瓜苗，拌些油、盐，飘溢着新鲜清香气的“毛南饭”就做成了。这样烹制出来的“毛南饭”，既有五谷的甘饴，又有果蔬的清香，味道鲜甜可口，沁人心脾，深受毛南群众的青睐，是炎炎夏日一道鲜美甘甜的消暑美食。

“米蜂仔”也是毛南族盛夏消暑去热、充饥解渴的风味食品。制作米蜂仔所用的主要原料为大米或者是玉米，因为毛南山乡以山地为主，种植玉米最为普遍，所以多数情况下用玉米制作。而且，所选的玉米多为当地出产的一种叫“珍珠黄”的玉米，这样做出来的“米蜂仔”色泽比较好看。做法是：先将“珍珠黄”玉米碾成米粒般大小的玉米头，用水浸泡2～3天，泡得越久其韧性就越大，同时要经常换水，通常是一天换一次水，至其变软。然后用石磨将玉米头磨成浆，将浆倒进锅里，用文火煨煮，边煮边用锅铲翻搅，以免米浆烧焦粘锅，直至米浆由稀变稠，成为米糊；再将一小碗碾碎的石膏粉倒进米糊中，使劲搅拌，让水、糊充分混均，凝结。同时准备一个桶，桶里倒进半桶清水，水要越凉越好，最好是井水，不能是热水，以防米浆滴到水里变成糊状，不成形；桶上放一块铁板制成的漏筛子，也可以用竹子编织而成。最后将煮好的米浆倒到筛子上，并且用木杈或者勺子在筛子上不停地搅动，使米浆通过筛眼滴到清水中。为了使形成的粉条更细长些，也可以在筛子上加一块板，用扎的方式将米浆扎进水中。落到水中的米浆，在重力的作用下，通过水的冷凝，凝结成中间大、两头

尖，形如蜂蛹大小的颗粒，“米蜂仔”因而得名。吃时，用碎肉、辣椒、鸡蛋、西红柿、韭菜、番茄、精盐等煮成蘸水，凉拌冷食，也可以放糖，其味道清凉嫩滑、酸辣可口、芳香诱人。

吃过“毛南饭”，尝过“米蜂仔”，我们还得去一饱“甜红薯”的口福。红薯，天南地北常见的一种茎块食品，历来是不能登大雅之堂，成为餐桌上的美味佳肴的。但毛南山乡的“甜红薯”却打破了这一成见。红薯常见，毛南山乡的红薯也无异二，其独特之处在于人，在于聪明的毛南族群众，他们在长期的生产生活实践中总结出了一套独辟蹊径的吃红薯的方法，使毛南山乡的红薯成为了“薯中骄子”。秋季是红薯丰收的季节，这时，毛南族群众会选择那些块头大、饱满圆实、既无虫害又无损伤的红薯，放在晒台上，白天任其充分暴晒阳光，晚上则让其随意浸泡霜露。经过20～30天的日照霜打，将红薯收回家中，放在火灶旁或者是藏于夹壁窖中，用草木灰拌匀、盖好，既保持干燥，又防霉变发芽。待到红薯充分糖化变甜后，再将其洗干净，放到蒸笼蒸，或是放到锅中，加入少量清水煮熟。经过放置、蒸煮过的红薯，个大饱满，红润焦香，皮薄如纸，用手稍微一扯，其皮马上脱落；用舌尖轻轻一舔，其肉香滑绵甜，入口即化，甘甜如蜜。这就是“甜红薯”，浓香沁人，因此又有“品尝毛南‘甜红薯’，三月不知肉味”之说。①

最难忘的还是“打边炉”。“打边炉”即“打火锅”，毛南族又有“溜着吃”的说法。在毛南族家，厅堂置一“漏桌”（毛南族惯用的餐桌，有圆形、方形两种，高20～30厘米，中间挖有圆洞，可放边炉），圆孔里放有炭火、风炉，炉上一汤锅，浓汤沸腾，热气缭绕，桌面上摆满了各种切成薄片的肉类生料和时蔬。围着“漏桌”坐定后，长者夹一片肉，随着炉边滑进汤内。筷子一探，肉片已经尽夹其上，放进

① 卢敏飞，蒙国荣．毛南山乡风情录．四川民族出版社，1994：84.

嘴里，肉质滑嫩，香甜可口。这一放、一溜、一夹，就是所谓的“溜着吃”啊。原来，毛南山乡的一切物象，都有它这么自然、质朴的阐释，一切都尽在不言中。

毛南族这种最传统的饮食方式之一——“打边炉”，很早就在毛南山乡盛行了。史载，毛南族先民喜烹的菜肴“不乃羹”：“以羊鹿鸡猪肉和骨同一釜煮之，令极肥浓漉；去肉，进葱姜，调以五味，贮以盆器，置之盘中。羹中有觜银杓，可受一升，即揖让，多自主人先举，即满斟一杓，内嘴入鼻，仰首徐倾之。饮尽，传杓如酒巡行之。吃羹了，然后续以诸馔。”[①] 这或许就是最原始的“打边炉”吧。“打边炉”，盛在秋冬，只因毛南山乡冬来早，才入秋就已经天气转凉，寒气袭人。这时，邀一干亲戚朋友，烧热边炉，置上汤锅，摆上切好的菜牛肉、猪肉、蔬菜、生姜丝、番茄、葱、蒜，另用辣椒、精盐等做成蘸料碟，待大家落座后，先将生姜丝、番茄、葱、蒜等投放到汤中，至汤水沸腾翻滚，用筷子夹起面前的肉片，浸入汤中，搅拌几下，肉呈灰白色，即刻夹起，以免肉片变硬，蘸上酱料，入口一嚼，满嘴生香。喜欢吃青菜的，还可以用青菜、萝卜、淮山等一起烹煮。无论是肉菜还是蔬菜，都要一道一道依次放进汤锅里，吃完一道，再放一道，边煮边吃，既免受烟熏火燎之苦，又享天伦之乐，聚亲友之情。这样烹调出来的菜，肉质鲜美，不油不腻，脆嫩清香。

“打边炉”最佳的原料是环江毛南族的特产——菜牛。菜牛是毛南山乡的特产，牛肉质地上乘，一层瘦肉夹着一层肥肉，类似猪的五花肉。先将菜牛肉切成薄片，在边炉上置汤锅，汤锅一般只放清水，加姜丝、葱、蒜等即可，不用增添其他汤料，这样可以使涮出来的牛肉保持原味、细嫩、清香。当然，也可以用排骨或筒骨熬成汤，佐以姜丝、番茄、青椒等，此种吃法又是另一种风味。也可以在锅中烧汤少

---

① 刘恂．岭表录异卷上．

毛南族山乡肥牛火锅　（李桐摄）

许，待锅边灼红时，将牛肉片紧贴锅边上，发出吱吱的声音，一会肉片就会卷曲如木耳状，同时散发出一阵阵诱人的清香，此时马上夹起，蘸酱料食用，味道亦佳。

山居无岁月。毛南族的“打边炉”一年四季都可以打，但秋冬两季的“打边炉”更让人感到温馨，更感到情深意切。试想，在一个深秋或是寒冬的夜晚，屋外寒风萧瑟，枯叶飘零，屋内炭火熊熊，氤氲缭绕，亲朋好友，围聚一桌，或啖一口热气腾腾的汤，或呷一口香浓醇厚的酒，举觞互敬，诚挚交谈，岂不是一派世外桃源的佳境？一匙汤，一片情；一杯酒，一片意。毛南族的“打边炉”，打的是一种情、一种意，而其中的情意香浓，已经在这深秋寒冬的土壤里酝酿、生根，期待着来年春天的破芽而出。

第四节　灵魂之饰

毛南族将自己的衣服称为“本身”，意即“灵魂”，不能随意丢弃，尤其是贴身的衣物，怕别人拿走，带走灵魂，带来灾疾。为何有如此之说，也许，了解了毛南族服饰的演化过程才会发觉，所谓的“灵魂”，实际上就是对祖先风尚的一种坚守、一种皈依。

去毛南山乡寻踪，当询问毛南族现在有何特征，尤其是询问服饰方面的样式时，总会听到一些落寞的话语：“我们毛南族没有什么特征了，现在都和其他周边的民族一样了。”实际上，很多时候，我们总习惯于用现在的目光去审视过去，过去是传统，现在是时尚，但凡与传统不符，与时代相融的，都一概冠以丢失了过往。一位学者说过，服饰是一个民族在特定的历史环境、现实的生活条件、传统的民族风情的外部表现，在很大程度上体现出一个民族的性格、心理、情感以及价值观和审美观；作为一种外部表征，是特定人群的文化心理、文化模式的反应，起着不同族群间以及同一族群内部不同社会地位和角色的识别作用。[①] 这里，无论时间与空间的跨越，也无论历史与文化的变迁，贯穿其中的，依旧是那绵延族脉及血浓亲情。今天，我们之所以总感觉到与祖先的距离渐行渐远，那是因为我们回归的脚步总是那么的紧凑与急迫。在毛南山乡，这种情感就更为浓烈。

毛南族传统服饰的装束形式，在唐代以前已印记模糊。这倒不是毛南族淡念宗恩，而是时光有时候会冲淡记忆，代际传承的口头说唱，在很多时候也总会逊色于文字记载。所以，相关毛南族服饰的文字记

---

① 李富强．壮族传统服饰与人生礼仪．广西民族研究，1997（3）．

毛南族服饰　（李桐摄）

载，直到清朝时期才渐现于史料："其俗男衣短狭青衣，老者衣细葛，妇女则小袂长裙，绣刺花纹，其长曳地。"① 谭家世普碑也载："妇女穿衣无裙。"② 虽然只是只言片字，但窥视其中，也足以了解全貌。

要了解毛南族的服饰，得从年龄、性别、季节、功用乃至社会地位去区分。或许，人类社会就是一张密稠的关系网，而每一个社会成员，在这张关系网上都有他（她）的差序格局，以此来区分其不同的社会地位和身份角色。这种差序，体现到服饰上，在每一个民族中都会有所存在，只不过在毛南这一族群中显得更为细化。毛南族将外衣称为"骨勤班"（毛南语，以下同），在性别及年龄上，又称女性服装

① （清·嘉庆）．广西通志·列传．

② 《毛南族谭氏谱牒》编纂委员会编．谭家世谱碑．毛南族谭氏谱牒，2004：20.

为“骨勒别”，称老人服装为“骨勒老”，称青年服装为“骨勒作”，称儿童服装为“骨勒洁”；根据季节来分，称夏季服装为“骨年突”，称冬季服装为“骨年香”；以用途来区分，用于操办或参加喜事、走亲访友的服装称为“骨拜板”，用于做家务和下地劳动的衣服称为“骨费工”等，类型、式样及称谓复杂多样。

如前文史料所载，清代中期，毛南族男子一般穿不镶花边的左衽大襟，称枇杷衫，又称“五扣衣”，毛南语称“骨娥妮”，意即五颗扣的衣服，领上有一颗纽扣，右衽有三颗纽扣，和领扣垂直相对的肚脐位置还有一颗纽扣，纽扣一般为亮晶晶的铜扣，也可以为布扣。口袋缝在右衽，不外露，下面开襟，穿宽筒长裤。男子衣服一般没有什么装饰物，最常见的装饰品一般为帽子和腰带：帽子用布缝制，多为青色，抑或蓝色；腰带一般为蓝色或黑色，两端用红、绿、黄、蓝、白等绒丝镶成锯齿状布须。脚则穿白底黑面的布鞋。赴宴做客时，长者往往穿上长衫，外面套上不同颜色的“马蹬衣”，且在衣背下方开0.12米左右长的口子，衣袖像马蹄形。妇女喜欢穿镶有三道黑色花边的右开襟上衣，裤腿也镶有三道黑色花边，花边的大小一般和上衣一样。老妇人的大襟衣齐膝盖，袖口上配不同颜色的布条作为装饰；姑娘的右衽大襟则较短，宽窄适中，上街或走亲戚时，喜系镶有花边的围裙，绣上花、鸟等图案，既显艳丽而又不失朴实。姑娘未婚时一般留有长辫子，婚后则挽髻，并用一条宽0.3米、长1米左右的青布绕头包两圈，留出后脑头顶，里层前高后低，外层宽窄一致，在发髻中间横穿银簪，整齐别致，尤其少妇，装饰得庄重典雅，让人一看就知道她们已经嫁做他妇，从此勤劳持家，筑建美好生活。

在饰品方面，男子一般较为简单。早年，男子蓄辫并用青布缠头，或戴青、蓝色的布帽，顶上开一小孔，此外再无其他饰物。妇女的饰品则较为隆重。过去，妇女喜欢佩戴各种银饰，有银牌、银发簪、银手镯、

银梳子、银耳环等，其中挂在胸前的银牌，以斤数重为荣。佩戴银饰一般见于婚宴或其他喜庆的场合，在赶集、过节或者是举行宗教仪式时一般不戴。由于佩戴银饰的多少在一定程度上显示了一个家庭的富裕程度以及社会地位，因此，一般只有比较富裕人家的女儿才会有多种式样不一的银饰，而一般的家庭或是贫苦家庭则少有戴银饰。今天，珍藏和拥有一套完整的银饰，则在一定的程度上彰显了一个家族曾经的财富与荣耀。

毛南族姑娘　（李桐摄）

最特别的还是银饰背带。毛南族妇女在背孩子出远门时，总要在背带上别上银禾剪和银针等饰品，这不仅是一种美丽的装饰品，还来源于一个悠久的传说。相传，毛南山乡之地古树参天，杂草丛生，野兽出没，时常伤害牲畜和人们的性命。一天，一位毛南族妇女身背小孩，手提装着禾剪的竹篮，到山上去剪草叶和藤子回来喂牛，但直到天黑了还没有回到家。后来，全村人到山上去寻找，在半山腰处发现了竹提篮以及割下的草叶、藤子等，上面布满了点点血迹，且地上还留有老虎的脚印。一种不祥之兆笼罩了大家的心头，再往前搜索，果然在一块小平地上，不仅发现了满地的碎布片，还躺着一只死老虎。母子已经葬身虎腹，这已经显而易见了，但老虎为什么死了，大家未能解其惑。为了能拣回死者的一些遗骨，村民们剖开老虎的肚子，发现老虎的腹腔里不仅积满了瘀血，而且还发现了一把禾剪和鞋针。原来，老虎吞食母子后，还吞下了禾剪和鞋针，锋利的刀片和尖锐的鞋针割破和刺穿了老虎的肠胃，最后它也一命呜呼了。这样，禾剪和鞋针能够杀死老虎的消息传遍了毛南山乡，从此，毛南族的妇女在背着孩子出远门的时候，都会在背带背后别上一把禾剪和一枚鞋针。后来，为了美观及装饰，就用白银打制成银禾剪和银针，别在背带上，据说可以使老虎望而生畏，保佑大人和小孩平安无事。[①] 后来，这种古老的银饰背带，就一直沿袭至今。也许，这只是一种依存传说的古俗，但这其中，却包含着毛南族人民对生命的一种爱护与尊重：珍惜生命，维护生命，也就维系了族脉，延续了血缘。

“趋青尚蓝”的衣饰习俗则更能体现毛南族那天人合一的朴实的生存理念。这里，不说是朴实的哲学观和世界观，这是因为，道法自然，自然法万物，一切皆归自然，无关思维境界，毛南族的衣饰习尚，皆因自然，更归于自然。所谓史料所载的毛南族“青衣细葛”，其为何有此习尚已无从考究，但唯一可以确定的是，在新中国成立以前，自种、自收、自织、自染、自缝的衣饰习尚早就一直存在。这终归于毛南族所掌握的一种传统的织染工艺。毛南族群众自己种植棉花，将棉花采下后，用自制的纺纱机纺成纱，然后在织布机上织成布，一般约 10 天就可以织成宽 1 尺、长 10 丈左右的布匹，并可以根据自己的喜好，直接织成一些简单的花样，如小方格等，但大多以素色为主。素色的布

① 卢敏飞，蒙国荣．毛南山乡风情录．四川民族出版社，1994：107～109.

匹要进行染色，原料为自种于山上的蓝靛草。织染的过程是：先将蓝靛草整株割下，捆扎成团，放入装有石灰和水的大陶缸进行浸泡。大约3天后，蓝靛草汁液渗出，与石灰浆混合成蓝靛泥，此时将蓝靛草的枝和叶捞出，放入酒、芒硝等，再泡一天左右，直至蓝靛泥表面起泡发花。这时，将素色的布匹放入蓝靛泥中，浸泡一天，捞起晒干，再浸泡，再捞起晒干，如此循环三次即可，这样，就可以得到蓝色的布匹了。当然，浸泡的次数越多，布匹的颜色越深。染后的布匹，晒干后，再用石滚压或者木棒槌打，直至布料光滑闪亮，经久耐用。这种织染工艺，是每一个毛南族姑娘必须掌握的，未出嫁的姑娘，要跟母亲或姑嫂学会织染，染制布匹的色泽以及织制衣服的多寡，将被视为是否具有智慧和才干的标志。而这种自织的土布和自染的蓝靛布，也被视为珍贵的布料，多用于制作老年人的寿衣和姑娘婚嫁时的送嫁衣裳。织染的布匹，除了拿来缝制衣服、床垫和被单外，余下的部分都会小心翼翼地收藏起来，以此作为珍贵的家产传给子孙后代。

毛南族背带心锦饰　（李桐摄）

民国后期至新中国成立初期，受周边壮、汉等民族的影响，毛南族男子一般喜欢穿“唐装”，直领，中间开扣，右边钉上一排用细布条绞成一头细、一头凸起的粒子，左边则依次对应钉上也是用布条制成的布扣，穿时依次对应扣上；新中国成立后多穿军装、中山装。妇女则大体上沿袭以前的装束。20世纪80年代以后，由于生活水平的提高，人们不再穿以前旧式的蓝靛衣服，已经与周边的壮、汉等民族衣着无二。面料由以前的粗制土布到新中国成立后的“的确良”，再到现代的各种纤维；样式由古式的枇杷衫到民国时期的唐装，然后到新中国成立初期的绿军装、中山装，再到现代的夹克装、西服，充分体现了毛南族在服饰上的一系列变化过程。尤其是年轻人，更是走在时代潮流的前列。现在，年轻人身着各种运动服、羽绒服、休闲服等，款式多样，色彩鲜艳，给毛南山乡增添了无穷的青春活力。

但传统依旧在沿袭。在现代化装潢的屋宇里，古典与时髦，交相辉映，让人有一种穿越时光的错觉。“这是老祖宗传下来的，不能丢啊!”没有华丽的辞藻，只有这朴质得近乎天籁的话语，道出了其中的生命之守、灵魂之饰。虽然，千百年后，岁月总会消磨容颜，时光总会催人苍老，但毛南山乡那天蓝色的笑意，应该还是如此灿烂依旧。

第五节　多情节日

毛南山乡是多彩的，毛南族的节日更是多情的。这种情，关乎爱情、友情、亲情；这种情，简单而淳厚、纯真而奔放、质朴而浓烈。因为多情，所以到过毛南山乡，总会有一些情感让人感动、让人流连：因为节日的欢快而动情，因为圩场的歌声而迷情，因为主人家的烈酒而醉情。

一年之计在于春。大年初一清晨，当整个毛南山乡还沉浸在料峭春寒中，当村寨四周还笼罩在浮黛山岚中，家家户户门口的空地上，已经燃起了一堆堆熊熊的篝火，炽艳的篝火冲破层层暮霭，摇醒了黎明蒙眬的睡眼。盛装的人们怀着迎接新春的喜悦之情，围聚在篝火旁，交谈着、戏谑着。这时，“打竹炮”就要开始了。人们拿出前一夜早已准备好的青竹竿，将其放进熊熊燃烧的篝火中小心翼翼地烧烤。竹竿要有十二节，意即一年十二个月。先从第一节开始烧烤，红艳的火焰在碧绿的竹竿上跳跃飞扬，欢快地舔吻着、拥抱着、缠绵着。当青竹

竿开始渗透出点点水珠，并发出“吱吱”的声音，伴随着一缕缕青烟腾空而起时，说时迟，那时快，早有准备的人们抡起铁锤，对准冒着青烟的竹节猛砸下去，只听见“嘭”的一声，竹节爆裂，竹炮打响，阵阵脆声，刺破重重晨岚烟霭，意示开年好兆头。打完第一节，再打第二节，直到打完十二节为止，预兆全年十二个月顺顺利利、平平安安。每打完一节，小孩就拍手欢呼雀跃，老人则喜笑颜开，并互相道喜、祝贺，彼此都陶醉在无比的欢乐之中。相关“打竹炮”的习俗则沿袭中原地区驱逐“年”这一猛兽的传统。相传在古代的崇山峻岭中，有一种叫作“年”的怪物，它常常出来作恶，危害牲口及人们的性命，谁要是触犯了它，就会得病，甚至招来灾难。为了驱赶“年”，人们就在岁暮年首之际，从山上砍来竹竿，将竹竿放在火上烧烤，使竹竿爆裂，发出“毕剥”的响声，以此来吓退“年”，求得一个平安年。久而久之，过年“打竹炮”这一习俗就沿袭下来，经过演化，“打竹炮”变成了烧鞭炮，但其中的寓意依然一脉相承。至于“打竹炮”的习俗是如何传入毛南山乡的，史籍中已无案可稽，但对于毛南族来说，过年“打竹炮”，不仅是一种喜庆，也是一种凶吉的预兆。节节竹炮打响，预兆全年万事如意；倘若哪一节不响，意味着那个月会有不祥之事发生，以后做事情要加倍小心。以物象预兆凶吉，或许有些唯心，但这也是毛南族对生活的一种规划，对未来前景的一种信心。声声竹炮，阵阵欢情，所预兆的是毛南山乡幸福美满的未来。

正月十五是汉族传统的元宵节，这一天，毛南族要举行“放鸟飞”。这是一个极富诗情画意和浪漫色彩的节日，因为其中关系到甜蜜的爱情。有爱情，自然会伴随着一个缠绵的传说。古时，在毛南山乡居住着一位精通法术的老法师，他有一位聪明伶俐的女儿，不但才貌过人，继承了父亲的法术，而且歌声唱得比山上的画眉鸟还要清脆动听，大家都称她为“小鸟姑娘”。在旁边另一座山里，有一位编织技艺高超的后生哥，擅长编织花竹帽。“小鸟姑娘”非常羡慕后生哥的编织技艺，于是向他讨教编织技术。后生哥也非常乐意向“小鸟姑娘”传授技艺，不仅教会了“小鸟姑娘”编织花竹帽的技术，两个人还利用山上的菖蒲叶编织成了各种鸟儿。这样，一来二去，两颗年轻的心跳到了一起。但老法师要考考后生哥的本领，让他在半天内将一座山上所有的藤和树都砍光。后生哥依照“小鸟姑娘”的方法，利用一捆绣花线将山上的藤和树围住，当绣花线两头一交接合拢时，所有的藤和树就纷纷倒下了。老法师于是又让后生哥在山上种植庄稼，后生哥二话没说，挑起一担谷种就往山上走，一转眼就将种子播遍了山上的每一个角落和旮旯。老法师还不满意，要后生哥在天黑之前将所有的谷种全部捡回来，换上小米的种子。播撒容易，但要捡回那漫山遍野的种子，谈何容易。后生哥顿时觉得心灰意冷，“小鸟姑娘”安慰他，叫他把以前一起用菖蒲叶编织的各种鸟儿拿来，对着它们吹了一口气，让后生哥拿到山上去放。后生哥依言，将各种编织小鸟带到山上一丢，转眼间，小鸟们都活了，一只只扑棱棱地飞了起来，叽叽喳喳地叫个不停，并争先恐后地啄食播散在山上的谷种，不到太阳下山，便将所有的谷种啄食完了。后生哥见天色还早，于是就顺势将小米种遍了整座山。老法师见状十分高兴，答应了后生哥和“小鸟姑娘”的婚事，但因为第二天是大年初一，要和女儿一起吃团圆饭，让他们到正月十五那天再举办婚礼。这就是正月十五“放鸟飞”的由来。是百鸟，使一对彼此深爱的恋人渡过了难关，让有情人终成眷属；也因为百鸟翱翔蓝天、搏击长空，象征着自由、幸福和美好，所以，在除夕这一天，毛南族家家户户都用菖蒲叶编织成各种活灵活现的鸟儿，并往鸟儿的肚子里灌入香糯、饭豆、芝麻等各种食物，下锅蒸熟，然后用甘蔗条将鸟身上的麻绳串起，间隔均匀排好，头朝大门尾向板壁地横挂于厅堂的中央，同时在香火堂前摆上糯米、瓜果、粽子等，一直供奉到正

月十五。正月十五这一天，即“放鸟飞”的日子，人们熄灭香火堂前的香油等，将百鸟、糯米、粽子等再一次蒸煮，待到华灯初上时，全家人围坐火塘，团聚一桌，以百鸟当饭，以果蔗解腻，其乐融融。糯米的甘香、果蔬的清甜、亲情的淳厚，此时也已经融合在了新一年的暖暖春意中。

农历三月清明节，毛南族是要去赶一趟“祖先圩”的。“祖先圩”即“阴圩”，毛南族认为，人死后的生活和活着时是一样的，虽然其血肉之躯化为一抔黄土，灵魂去了阴间世界，但在那里，吃穿住行、耕耘劳作、活动社交，一切与阳间世界无二。因为人活着的时候经常赶圩，在圩场上，买进卖出，呼朋唤友，沽酒痛饮，谈笑风生，死后，灵魂同样也要赶圩，重续阳间情缘。所以，必须要赶“祖先圩”，否则，祖先的灵魂得不到安慰和去处，就会回家作祟，造成人畜不安，鸡犬不宁。况且，这不仅仅让祖先的灵魂得到慰藉，同时也要让那些孤魂野鬼有一个聚会话旧、快乐逍遥的场所。清明节是诸鬼幽魂出游的日子，有子孙后代的，可以尽情享受后人的献祭，那些孤魂野鬼，虽然无亲无故，但同样也需要阳间的关怀，所以，就要举办一个圩场，让它们有一种宽慰，这就是“祖先圩”。环江毛南族自治县境内的下南、波川一带的平坝区有一座椅子状的名叫“卡林”的小山坡就是这样的祖先圩场。卡林地势平坦、溪水环绕、绿树葱郁，被视为“龙脉宝地”，因此，一代又一代的毛南人在此地安葬祖先，营造坟茔，天长日久，这里就变成了远近闻名的坟场，也自然而然地成为周边群众一年一度清明赶“祖先圩”的场地。赶“祖先圩”，要在清明节的凌晨进行。这时，人们点着火把，或者提着煤油灯，从四面八方，从山间小径上，或成群结队，或三三两两，各自携带着自己生产的农副产品汇集到卡林。摇曳的火把、惺忪的灯光、精神矍铄的父亲、手脚麻利的母亲、睡意蒙眬的稚童，一下子就点燃了整个山谷的激情。那如云的摊点、如织的人流，大家摩肩接踵，穿梭其中，这一刻，也许每一个人都会有一种曾经熟悉而淳厚的亲情满盈着整个心胸。无论是摊点、货物、交易等，祖先圩和其他的圩场都无二异，唯一的不同就是，每一个摊点面前都点着灯或蜡烛，同时放一铜盆清水，前来买货的人首先要往铜盆里投放硬币，如果硬币沉下去，双方就可以放心交易；倘若硬币浮于水面，这表示祖先已经先来赶圩购物了，这时便不能交易了。人们可以在圩场上买好清明节必备的猪肉、鸡肉、香烛、冥币、鞭炮、糖果等，这一切都要在夜间凌晨进行，一旦鸡鸣，东方发白，就得赶紧散圩回家，准备白天的扫墓活动。实际上，赶“祖先圩”的产生，与毛南山乡地处崇山峻岭有很大的关系。由于道路崎岖，交通闭塞，很多村寨远离圩镇，如果长途跋涉去采购清明节的祭奠用品，不仅费力费时，而且也会误了农事。这样，赶“祖先圩”就应运而生了，人们不仅可以就近采购到祭奠货物，且在夜间凌晨进行，也不会误了农事生产。一位长者说，赶“祖先圩”，还应在圩场上进餐，摆上一副碗筷、一杯酒，以示与祖先共同进食。我们且不论赶“祖先圩”的鬼神论思想，单从毛南族那种虔诚的心态中，我们可以体味到其中的宗恩情怀及淳朴孝道。

农历五月，毛南山乡要举行“分龙节”，这是毛南族一年一度最盛大的民族节日。毛南山乡群山环绕，土地贫瘠，降水量少，这就使得一年四季旱灾频繁，因此，雨水的多寡关系着一年四季的收成。毛南族群众认为，每年夏至后第一个辰日前后降水量的多少，与天上玉帝分配到人间专门司管风雨的神龙的数目具有很大的关系：如果派遣到人间的神龙的数目过少，其担心下雨不及时，误了季节要受罚，于是拼命降雨，结果容易酿成洪涝灾害；如果派遣到人间的神龙的数目过多，就会出现你推我让的懈怠现象，最终的结果是谁也无动于衷，造成旱灾；最理想的是派遣到人间的为两条神龙，这

样就各负担一半，均匀间隔，轮流当值，使得人间风调雨顺，五谷丰登。所以，作为稻作民族，毛南族就会选择在五月插秧完毕、降水量事关秧苗成长关键的这一段时间内，进行祭天酬神，以期诸神合理分龙，保证雨水均匀，使田间地里作物顺利生长，这就是分龙节的由来。

分龙节这一天，人们还要祭奠三界公，因为分龙节要在三界公庙里进行祭祀，所以又称“庙节”。有民谣唱道：“庙节五色糯饭摆中堂，鲜嫩的菜牛肉炒生姜。菜牛肉九呀九里飘香，三界公的功劳永不忘。”[①] 三界公即冯三界，据称为广西贵县（今贵港市）人，原名李丰登，父母早亡，自幼到毛南山乡给人家放牛。[②] 长期的放牛生涯，使得三界公练就了一套神奇的“划地养牛”的本领，只要发现水草丰美的地方，将牛群赶入，用鞭子在牛群外画一圆圈，牛就会乖乖地待在圈内吃草，绝不会跑出圈外。相传三界公到毛南山乡之前，毛南族还处于刀耕火种的原始耕作状态，一切依靠人力，并未知晓如何驾驭耕牛。于是三界公教会了毛南族群众如何役使耕牛，使之代替人力，劈坡造田种水稻，极大地提高了劳动生产力。后来，三界公又创造了圈养“菜牛”的方法（毛南山乡有菜牛和耕牛之分，菜牛是专门养来食用的，耕牛是专门养来耕地的），将那些年老体弱的耕牛圈养起来，喂以各种草料和豆料，使之变得膘厚腰圆、肉质细嫩鲜美，成为毛南山乡一道独特的地方菜肴，也让毛南山乡赢得了“菜牛之乡”的美誉。祭奠三界公最重要的仪式是进行椎牛。椎牛椎的是白水牛，这是毛南山乡的特产，通体雪白，皮肤白里透红。将牛椎死后，用牛头、牛尾、牛腿、牛血等来祭奠三界公，牛肉则分给参与祭祀的各家各户。分

---

① 卢敏飞，蒙国荣．毛南山乡风情录．四川民族出版社，1994：249.

② 匡自明，黄润柏主编．毛南族——广西环江县南昌屯调查．云南大学出版社，2004：379.

龙节一般要进行 3 天，前两天为庙祭，后一天为家祭。祭祀时，家家户户邀上亲朋好友，共度佳节。最喜悦的还是那些青年男女，他们相约青坡绿荫下，互诉衷肠，深情对歌，这一时刻，相关花竹帽与布鞋的爱情就开始悄然酝酿了。无须多言，也无须蜜语，那“金竹黄灿灿，墨竹亮闪闪。花帽对布鞋，芙蓉配牡丹”的歌声，已经飘越过五月的禾田，滋润着饱满的希冀，期待着幸福的降临。新中国成立后，分龙节中的椎牛仪式逐渐被取消，庙祭家祭也趋于简化，更多地融进了群众性的文化、娱乐等内容。为了更好地弘扬民族传统文化，抢救、保护和传承民族民间珍贵的文化遗产，展示毛南族民间优秀文化的无穷魅力，环江毛南族自治县决定，从 2009 年起，每年的公历 6 月下旬，在县城举办“中国·毛南族分龙节”。分龙节目前已经被纳入广西民族节庆文化十大品牌之一。

春华秋实，农历九月，九九重阳，正是毛南族敬老的时节。毛南

分龙节活动上的三界公神坛　（桂鸿摄）

族认为，当老人年过六旬，如果身体虚弱多病，民间称为“粮缺倒马”，又称为“倒马”。“倒马”必须请来算命先生，通过看生辰八字，择吉日“扶马”，俗称“添粮补寿”。“添粮补寿”多选择在重阳节进行。“添粮补寿”要吃“百家米”，可以通过两种方式进行：一是老人自己赶圩“讨粮补寿”，逢集日，需要补寿的老人自己到集市上的各个米摊上以讨或买的方式取得“百家米”；二是请师公来举行“添粮补寿”仪式，由子女备办若干酒席，请亲戚朋友来给老人送粮“补寿”。如果不是家庭确实困难，一般人家都会选择第二种方式进行。做寿时，中堂前摆上供桌，一般分为两次供奉。开始时，供桌上摆放米、面条、茶、糖、烟、酒、纸钱以及点燃的蜡烛等。师公在供桌前念经，念到哪一段经文就按相应的程序杀猪、杀鸡或者杀鸭。宰杀牲口时，必须以它们的鲜血粘上纸钱，放到供桌上，据说这样才能够让所供奉的神灵带走。猪、鸡、鸭等煮熟后，供奉于桌上，这时，请做寿的老人穿着寿衣坐在供桌的旁边，接受亲戚朋友送来的物品。如果是父亲做寿，那么寿衣就由儿子来做；如果是母亲做寿，那么寿衣就由女儿来做。亲戚朋友所送的物品一般为米、面条、猪肉等，而所送的物品也有所讲究：外甥到舅家祝寿，要带米、鸡、鸭、面条、酒、写有“寿”字的布条等；舅家到外甥家祝寿，则以米为主，有时也送“寿”字布；乡亲邻里来祝寿，一般就送米，这样才能够体现出“百家米”的真正含义。所以，每当一家做“添粮补

三界公神像 （李桐摄）

寿”，全村的人都前去祝贺，送去米或面条等，一为敬老，二则体现全村人的团结与热情。在做寿人的旁边，放着一个竹篓，前来祝寿的人把送来的米倒到竹篓里，多的一次“添粮补寿”，主人家可以收到两百斤左右的“寿米”。此外，做寿人自己还另拿着一个口袋，师公一边唱“粮歌”，所唱的内容要涉及一年十二个月所有的五谷杂粮，一边抓米“量”到口袋中，也可由子女、外甥或者其他亲戚来“量”。当象征性地“量”到二三十斤后，师公就将米放到一个坛子或者其他容器中，念经祈福，然后用一张红纸贴上，拿到做寿人的卧室去焚香再供，同时一起供奉的还有糯米、红鸡蛋、肉类等，这些米和供品要留给做寿的人自己吃。师公量完后所剩下的米用来煮的第一餐也必须由做寿的人先吃，之后家里人才能吃。过去，“添粮补寿”一般只是为上了年纪的老人而做，但现在，成家有了孩子的中年人，如果身体不适，通过测算生辰八字知道自己需要“补粮”的，也会选择吉日进行“添粮补寿”。“添粮补寿”，添的是粮，增的是情，那高朋满座、儿孙满堂、亲友齐聚的场面，体现的不仅是一种亲情乡意聚合的力量，而且也延续了一个家族乃至一个民族的繁茂。当“阿公做生日，满堂皆欢喜。良辰立寿匾，百岁还有余。吉日补寿粮，老树发新蔸。不管冬和夏，绿叶如伞稠”的《祝寿歌》环梁萦绕时，一种浓浓的亲情，也正在毛南山乡悄悄地蔓延，如金秋般的丰实。

毛南族师公服饰　（李桐摄）

说不完的节日，道不完的情意。有人说，去一趟毛南山乡，就会兜着满怀的情感而归，因为毛南山乡的情很感人、很迷人，也很醉人。

第五章

血脉传承

“水有源头树有根，寻亲觅祖四方奔。八疆分布毛南地，三贵安居仪凤村（三贵即谭三贵，为谭三孝的六哥，相传与谭三孝为毛南族谭姓始祖之一，其后裔大部分现居环江毛南族自治县凤仪村各村屯）。众志成城修宝典，同胞早日盼家乘。宗祧理顺如心意，万古流芳启后昆。”[①] 这是参编毛南族谭氏谱牒的一位作者的心声。实际上，修撰谱牒，寻根问祖，这不只是谭氏一脉的现象，其他毛南族姓氏也在修撰本宗支的谱牒。到过毛南山乡，你才会发现，毛南族对族谱是如此的看重和珍惜，或是勒石为记，或是修册成文，或是口头传承，其中的血脉亲情，如此地绵延流长。

第一节　60 年的变迁

60 年，对于具有悠久历史的毛南族来说，只是弹指一挥间，但这 60 年，却是毛南族人口迅猛发展的时期。

---

① 谭志恒．编写《毛南族谭氏谱牒》有感．《毛南族谭氏谱牒》编纂委员会编．毛南族谭氏谱牒，2004：765.

据1933年的《思恩县志》记载，当年环江县毛南族人口约有8000人，至新中国成立之前，人口一直徘徊在15 000人左右，其人口得到迅速发展是在新中国成立之后。1953年第一次全国人口普查时，全国共有毛南族人口18 149人，而环江有17 046人，占全国毛南族总人口的93.92%。1964年第二次全国人口普查时，全国有毛南族人口22 419人，环江有19 740人，占全国毛南族总人口的88.05%，其中，全国毛南族人口增长率为23.53%，年均增长率为2.13%，而环江则分别为15.80%、1.44%。1982年第三次全国人口普查时，全国有毛南族人口38 135人，而环江有31 609人，占全国毛南族总人口的82.89%；在人口增长率和年均增长率方面，全国分别为70.10%、3.89%，环江分别为60.13%、3.34%。1990年第四次全国人口普查时，全国有毛南族人口72 370人，其中人口增长率为89.77%，年均增长率为11.22%；环江有毛南族人口54 874人，占全国毛南族总人口的82.89%，其中人口增长率为73.60%，年均增长率为9.20%。2000年第五次全国人口普查时，全国有毛南族人口107 166人，环江有56 414人，占全国毛南族总人口的52.64%；在人口增长率和年均增长率上，全国分别为48.08%、4.81%，而环江则分别为2.81%、0.28%。2010年第六次全国人口普查时，全国有毛南族人口101 192人，环江有65 587人，占全国毛南族总人口的64.81%；在人口增长率和年均增长率上，全国分别为−5.57%，−0.56%，而环江则分别为16.26%、1.63%。将2010年第六次全国人口普查数据和1953年第一次全国人口普查数据相比，近60年的时间内，毛南族人口增加了83 043人，年均增长1432人，总增长率为457.56%，年均增长率为7.89%。

从新中国成立初期至20世纪60年代中期十多年的时间里，毛南族的人口虽然有所增长，但人口增长速度缓慢，年均增长率只有

2.13%。从20世纪60年代中期至80年代初期仅20年的时间里，毛南族的人口得到了迅速发展，虽然人口只增加了16 000人左右，年均增长率也只有3.89%，但这已经是1964年总人口的2/3强。这除了自然的增长率以外，一个重要的原因还是民族政策的落实与实施。党的十一届三中全会以后，随着解放思想、实事求是等观念深入人心，各项民族政策也得到了恢复和发展，反映到民族人口上，就是人口数量的激增，这一时期，民族成分的恢复和更改起到了关键性的作用。而80年代至90年代初这10年间，毛南族的人口呈现激增的状态，至1990年，全国毛南族人口增长率为89.77%、年均增长率为11.22%。这主要是因为，随着我国民族政策深入贯彻和认真落实，过去由于各种原因而隐讳自己民族成分的毛南族以及具有毛南族血统成分而没有申报为毛南族的人恢复或更正了自己的民族成分。以计划生育政策为例，我国一直对少数民族实行与汉族有别的计划生育政策，放宽对少数民族人口的控制，这就促使少数民族人口呈现有计划的增长趋势。从80年代起，我国在民族聚居地区开始全面开展计划生育工作，在环江县，允许毛南族一对夫妇可以生育三个孩子，从1985年以后，根据人口控制的整体需要，明确提出夫妇双方都是毛南族的，只能生育两个孩子，但一些符合条件的毛南族家庭，可以放宽至生育第三个小孩，① 这就使得毛南族的人口出现了激增的趋势。而这一期间，环江的人口增长率和年平均增长率虽然低一点，但也达到了73.60%和9.20%。环江县毛南族人口的激增除了与全国具有相同的历史背景和政策背景之外，另一个重要的原因是80年代在筹立民族自治县的过程中也促使一些人更改为毛南族成分，如《环江毛南族自治县县志》记载，1982～1987年，全县恢复或更改民族成分的有27 069人，其中绝

---

① 黄润柏，罗柳宁．毛南族人口发展面临的问题与对策．广西民族研究，2009（4）．

大部分是随母亲成分更改，由壮族改为毛南族的就达 25 401 人。[①] 受以上民族政策的影响，毛南族的人口发展在 80 年代达到了一个巅峰。

总体来看，从新中国成立到当前 60 多年的时间里，毛南族的人口还是得到了迅猛发展，从最初的 1 万多人发展到了现在的 10 万人，如果剔除其中的体制、政策、时代等因素的影响，归根结底，还是那血脉传承。当一个崭新的生命呱呱落地，当第一声清脆的啼哭声穿越毛南山乡的上空，当一个稚童在花前树下牙牙学语时，一种血浓于水的族脉，已经又开始坚韧而热烈地传承了。

第二节　差序格局

生命，是一张错综复杂的网，所有的生灵，都是网上的一个节点，既相互独立，又彼此联结，相依相存，相承相传。

在这张生命之网上，众生是平等的，无论男女，都是族脉的延续，都是生命的精灵。毛南族的世界观里，长辈是家中的权威，负责延续和凝聚整个家族的筋脉，其中的族脉渊源、世系传承、族群认同，均由长辈言传身教；后辈是民族的希望，是连接传统与现代的纽带，怒放如破春的花蕾，热情如喷薄的朝阳，流淌的是整个民族生生不息的血脉。因为素有长者为师的传统，所以后辈对长者总是满怀着感恩和崇敬之情，也总愿意在长者的循循善诱下，虔诚修身，自信前行。这里，长者无关性别，只关岁月的沉积和生活的积累。如果说有差异，那也只是年龄和数字上的区别。据 2010 年第六次全国人口普查时，毛南族在儿童、少年、青年和中年等年龄段的性别比一般都是在 100～120，但在 60 岁以上，男女性别比就开始出现了细微的变化，如 60～64 岁共有 3799 人，其中男性 1913 人，女性 1886 人，性别比为

---

① 环江毛南族自治县县志. 广西人民出版社，2002：30.

101.43；65～69 岁共有 3222 人，其中男性 1539 人，女性 1683 人，性别比为 91.44；70～74 岁共有 2493 人，其中男性 1152 人，女性 1341 人，性别比为 85.91；75～79 岁共有 1715 人，其中男性 758 人，女性 957 人，性别比为 79.21；80～84 岁共有 854 人，其中男性 349 人，女性 505 人，性别比为 69.11；85～89 岁共有 308 人，其中男性 105 人，女性 203 人，性别比为 51.72；90～94 岁共有 105 人，其中男性 34 人，女性 71 人，性别比为 47.89；95～99 岁共有 31 人，其中男性 10 人，女性 21 人，性别比为 47.62；100 岁及其以上的共有 2 人，其中男性 1 人，女性 1 人，性别比为 100.00。数字虽然枯燥，但至少让我们可以从中找出一个规律，就是年纪越大的，男女之间的性别比就越低，如在 65 岁以前，男女性别比都是在 100 以上，而 65 岁以后，男女性别比就降至 100 以下，而且是岁数越往高走，性别比就越低，甚至降到 50 以下。我们无意去深究其中因男女生理结构的差异或者因社会的因素而导致彼此之间寿命长短的问题，但行走于毛南山乡，如果偶遇那些白发苍苍的老妇人，或是山间小径蹒跚而行，或是溪边涧旁汲水洗衣，或是村前树下捻线纺纱，这时候，不妨停留下寻古的脚步，与她们促膝而谈，或许，这些饱经风霜的老妇人，给你娓娓道来的，将会是那悠久而深厚的毛南山乡岁月。

因为历史上“三南文风颇盛”，所以，毛南族的受教育程度也比较高。早在清朝时期，毛南族就出现秀才、廪生、贡生等 20 多人，并在思恩县设立官立小学堂，1913 年改为县立第一高等小学。整个民国期间，毛南山乡办学事业蓬勃发展，如在牛峒（今川山乡）设立县立第二高等小学、在上南设立县立第三高等小学、在水源圩设立第四高等小学、在中南三圩办培本、在南木村办端木小学、在中南上八村半仰山小学、在波川干孟村办立德小学、在上南八圩办东雅小学、在下南仪凤办迁善小学等学校的蓬勃兴起，使得毛南山乡的教育事业迅速发

展，几乎每个行政村都有一所初级小学，适龄儿童的入学率高达30%左右，这相对于当时广西其他少数民族来说，比例是比较高的。而且，当时毛南族人口不足两万人，却已经出现了5名大专生、90多名初中生和高中（包括师范）生，这也说明毛南族的教育和文化发展水平在当时广西少数民族中已经处于一种较为先进的地位。[①] 新中国成立后，毛南族的教育事业更是得到了长足的发展，特别是改革开放以来，毛南族接受教育的结构有了前所未有的变化。从2000年广西的相关统计数据来看，毛南族在受教育的性别结构上，在中小学阶段，男女的比例相差不大，但学历越高，男女接受教育的比例差距就越大，特别是进入高等院校接受教育的男性数量一般都是女性的2～3倍。相隔10年以后，2010年，无论是中小学，还是高等院校，毛南族男女的比例都已经趋于平等，而且在越高学历阶段，女性就越占有较大的优势，如在研究生阶段，女性就比男性多出7人。这就说明，当前所谓的“男尊女卑”、“女子无才便是德”的传统思想在毛南族的教育观念中已经如过往云烟、荡然无存了。教育结构的变迁，所道出的，不仅仅是一个时代、一个社会的进步，而且更是一个民族的进步。多少文人骚客，多少专家学者，多少豪杰人瑞，从毛南山乡陆续走出，书写春秋，描绘未来。

守土或者是弃土，这是新一代毛南人所面临的两难抉择。但这在老一辈的毛南人眼里，作为农业民族，脚下的土地就是命根子，因此，守住脚下的土地，在这片土地上长年累月地耕耘、播种、除草、施肥、收割，这就是生活、生存的全部意义。所以，新中国成立以前，大多数的毛南族群众都从事农业生产，孜孜不倦地诠释着“土能生黄金，寸土也要耕”的真正含义。虽然，一些人脱离土地，从事商业、手工业等行当，但还是离不开农业的范畴，如小商小贩所从事的商业活动，

① 莫家仁．毛南族．民族出版社，1988：58.

民间舞蹈 （蒙玉祝摄）

大多也是贩卖一些日常生活用品以及生产工具等，手工业也以编织、雕刻、打制农具等与农业息息相关的内容为主。新中国成立后，随着民族政策的落实、社会经济的进步、教育水平的提高以及改革开放的发展，毛南山乡紧闭的大门随之豁然打开，追寻山外世界的脚步从此也坚实而自信。虽然三百六十行，行行都出现了毛南人的身影，但毛南山乡的经济仍然是以传统农业为主的产业结构模式，第二、三产业发展缓慢，因此，大多数的人口也主要集中在第一产业内部就业。

统计数字是冰冷的，即使当前毛南族的年龄结构、教育结构、职业结构等还存在着这样或者那样的缺陷，但这就是生活，就是生存，就是发展。民以食为天，恪守土地，实际上就是为了生命的延续及族脉的传承；民以智为鉴，只有有学识，才能实现创新，才能发扬一个民族的精神，才能凝聚族脉，开拓人心；而民更是以生为先，新陈代谢，生死更替，一切物象，或为虚幻，但唯有族魂，才能世代传承。

第三节　安土重迁与志在四方

“安土重迁，黎民之性；骨肉相附，人情所愿也。”① 也许，国人都有浓厚的乡土情结，这种对故土的依恋似乎是与生俱来的。了解了这一点，我们就不难知道毛南族为什么一直自称为“阿南”、“唉南”了。现实中，很多民族都会强调自己的祖居之地，但也许只有毛南族，才会将这种感情付诸得这么强烈，表达得这么质朴。

或许，所谓的安土重迁，有时候更多的是一种精神的守候吧，因为族总是要繁衍、要延续、要传承的，所以就会有迁徙、有流动，比如，谭氏的繁衍及迁徙。据史料记载，谭氏祖先谭三孝与其六兄谭三贵最初由河池避难毛南山乡，从此掀开了毛南族谭氏人口迁徙的序幕。谭三贵生有世文、世武二子，均居于环江上义村，前者生十二子，均迁返祖籍湖南常德府；后者也育有十二子，其中七人迁往今广西柳江一带，其后人再迁入来宾、宾阳、上林诸县，其他五人一人迁往今宜州怀远甘村，但此一脉已于清末民初绝户；一人迁往浔州（今广西贵港市）；一人迁往河池旧府；一人迁往思恩镇中山村；一人留守上义（位于环江境内，以下如无特别说明，所涉及的地名均为环江县境属），其后代大部分迁往仪凤村，而留居人的后代后来也迁往玉环的太平及才门的年洞。谭三孝一脉的迁徙则主要体现在“八疆”之衍。谭三孝定居毛南山乡后，其曾孙“八疆”均出生于南昌屯，后来，实行“分疆”。其中貂疆迁居今广西都安瑶族自治县。黎疆迁居今波川的塘龙屯，其后又迁往新村屯，后来又于清朝末年迁往贵州的荔波、从江、三都一带。汉疆迁居建寨村，其生有三子，一子居建平，一子居下相，一子居建寨，也有一部分迁居高隆，后来又由以上四村分迁至巴仁、

① 班固．汉书·元帝纪．

景阳、下朝、冷津、洛衣以及今宜州市的龙头乡龙盘村等。龙疆迁居高川村，其孙能振分居板诣屯，后人又建成松银、七政等屯；能添居高川，到第十二代有掌官、掌武、掌兰、掌杆、掌仕、掌棚、掌印等七人，其中，掌兰建成木别屯，掌武建成塘龙屯，再由塘龙屯分成新村上、下屯，其余五人穿插分居于高川、下谈、庙婆、上下庭木之间；此外，其他村屯如景阳、希远、木论、双楞、谭村甲、柳平以及今罗城仫佬族自治县天河乡古隆村等都有龙疆后代分布。虎疆迁居上八村，其曾孙有公林、公财、公勇、公坤、公刁五人，其中公林居上八屯，其后代迁往伍尚、卡吉，第十四代谭建勋迁往河池东江乡长牌村，其后人建成长牌屯、江叶屯；公财后代建成上信、松存、十圩等，后又分迁成义、石旺、便尚、足尚、内喜、下结、内对等；公勇迁居中南上网屯，后又迁往下社屯，其后代又遍布景阳的闷水、万安乡的前后朝等；公坤迁居下南委峨屯，其后代迁往下塘卜尚；公刁迁居下南上、中里，其后代又迁往景阳的上芒等尚。唐疆迁居上堂，育有章明、其欲、三叔三人，其中，章明后代居上堂、上义、中乐、才尚、上下任，上下任的后人又有人迁往水源乡西里村及巴马瑶族自治县；其欲的后人迁往南丹县洞龙一带；三叔的后人到了第十一代应府，生有长明、老黄、金齐、金怀四人，其后人分居十圩、内荀、吉巴、隆盛、普理、高岭、宝楼、中乐一带，后又有人迁往谭村甲、贵村、爱尚以及河池齐美村花蒙屯等，自民国起至 20 世纪 90 年代，遍布上南、玉环、敢强、水源、川山、洛阳等乡镇，为“八疆”中人口最多、分布最广。赵疆首先迁居上堂，后迁居下屯，又迁往上南宝楼村甲半屯，户数较少，为“八疆”中人口最少的宗支。马疆留守南昌屯，其子山凤育有田土、福缘、渠细三人，其中，渠细有公福、公尊二子，公福后代建成干孟屯，后又分成木国、松马二屯，后有人迁往景阳、希远、木论、双楞等；公尊建成东信屯，其曾孙有万德、万局、万双三人，万德后

代世居东信。万局后代迁往下塘的眉尚，也有迁往今南丹县、河池市的。万双的后代迁居于东信上段以及上平、三圩和下塘村的下巴、干坤、英岗等地。[①] 这就是谭氏宗支的迁徙过程，作为几乎占毛南族人口总数 2/3 的大姓，谭氏的繁衍及分布，在很大程度上就是毛南族史上人口变迁及流动的标志。

如果说，以上的人口流动主要是因为种的繁衍及人口的扩张，那么，新中国成立后，毛南人口的流动主要集中在婚嫁、工作和接受教育等方面。还是以谭氏发祥地南昌屯为例。截至 2003 年 7 月底，南昌屯总户数为 90 户，总人口为 298 人，其中，毛南族为 286 人，壮族 10 人，汉族和侗族各 1 人，总体上看，该屯还可以看作是一个毛南族聚居的村寨，因此，也可以将其看作是毛南族人口流动及变迁的一个缩影。新中国成立后，南昌屯经历过两次较大规模的人口流动，一次是 20 世纪 50 年代，共迁入 20 多户；一次是 60 年代末期，共迁出 60 人左右。自 70 年代后，南昌屯再无较大规模的人口流动，全村人口呈一种稳步上升的趋势，但这种上升的势头在 90 年代以后开始趋于下降，主要是国家计划生育政策的实行，使得人口的增长得到了有效控制。总体上看，婚姻是促使南昌屯人口流动的主因。从 50 年代至今，因婚嫁迁入的人口数至少为 75 人，而从 70 年代至今，因婚嫁迁出的人口至少为 80 人。其中，在南昌屯本屯内迁移的有 19 人；由中南村委会所属的其他 13 个屯内迁入的有 13 人；由下南乡所属的其他 10 哥个村委会内迁入的有 29 人；由环江毛南族自治县境内所属的其他 14 个乡、镇迁入的有 11 人；在广西壮族自治区范围内、环江毛南族自治县外迁入的有两人；自外省迁入的有 1 人。也正因为这种因婚嫁而流动的状况，才使得南昌屯由曾经的纯毛南族村寨变成了今天也居住有少量其他民族的多民

---

① 谭宏宇．毛南谭氏人口的衍播．《毛南族谭氏谱牒》编纂委员会编．毛南族谭氏谱牒，2004：5～7.

族聚居村寨。90年代以前，南昌屯人口流动主要限于中南村委会及下南乡所属各村屯之间，90年代以后，流动的范围逐渐扩大到了广西壮族自治区各地市，21世纪初期，自治区以外的各省市也逐渐出现了南昌屯村民的踪迹，这主要是因为工作流动的缘故，而这种流动，以外出打工的形式为主。在总人口298人的南昌屯，外出打工的就有91人，其中，有34人前往广东省，有9人前往江苏省，有7人前往贵州省，有1人前往浙江省，其余的40人则在广西壮族自治区范围内流动。① 因接受教育而产生的人口流动，自新中国成立至21世纪初期一共有21人。② 无论是因婚姻、工作，还是因接受教育，南昌屯人口的流动都集中在中青年人这一群体中，尤其以青年人为甚，特别是自90年代以来，受打工潮的冲击，村里留守儿童、留守老人的现象越来越多。或许，若干年后，曾经的祖源之地，真的会变成只是一种精神守望和灵魂栖息的家园，而再也无花竹帽与布鞋的爱情、情与意的欢歌、石与木的盟誓。

实际上，这也折射了当前毛南族人口流动的状况。当改革的春风吹开毛南山乡紧闭的山门，当时代之路接通毛南山乡的沟沟壑壑，当时尚与潮流推开毛南山乡羞涩淳朴的心窗，那驿动的心，已经欢呼雀跃地走下了那千山万壑，愉悦地融进了外面多姿多彩的世界了。

年轻的时候总想志在四方，年老的时候总想落叶归根，但中间这一段与故乡相隔、与亲情相望的岁月里，我们曾经熟悉的一山一水、一草一木、一屋一舍、一桥一梁，是否能够为我们守候，为我们坚持？很多时候，我们很难背弃故土，乡情也会召唤回归，只是，在彼此的相隔遥望中，有一些与故土相关的情感、细节、文化、文明，可能也会与我们渐行渐远了。

---

① 相关人口流动的详细数据见匡自明、黄润柏主编．毛南族——广西环江县南昌屯调查，云南大学出版社，2004：45～47.

② 匡自明，黄润柏主编．毛南族——广西环江县南昌屯调查．云南大学出版社，2004：392.

第四节　生的“祭解”

生命的延续过程实际上就是一场“祭解”，这是毛南族对生命之初一种朴实而又虔诚的观念。

在毛南族的宗教信仰中，有一种花婆圣母（毛南族多称“万岁娘娘”）崇拜，它是由早期的花王崇拜演化而来的。在毛南族群众的观念中，人的生命或生育是由花朵变成的，而万岁娘娘，是掌管婚姻、生育的女神，她住在花山上，管理和护佑着生命之花，这些花是人的灵魂，人死后，其灵魂会回到花山上，还原成花，直到万岁娘娘再次赐花时才能重新转世为人，妇女怀孕生育，是万岁娘娘赐予花种的结果，所以，就有了“求花”、“引花”、“还愿”等各种仪式。“求花”多是针对一些婚后久不生育的妇女而言，这种情况被视为是因为妇女修行或

毛南族师公唱本　（李桐摄）

者命运不好，从而万岁娘娘不赐予花种的缘故，所以，就要请师公举行架桥请花仪式，可以到万岁娘娘庙中求，可以请师公到家里进行道场仪式求，也可以在家族安坟祭祖时求，只有这样，才能感动万岁娘娘赐予花种。“引花”与“求花”的仪式大同小异，其实质是通过抱养子女较多的亲戚或者朋友的一个孩子，希望该孩子的到来增添人气，从而使未曾生育或虽生育但孩子未能养活的父母能够顺利怀孕生子；通过“求花”、“引花”仪式求得子嗣后，要选择吉日进行“还愿”，以报答万岁娘娘的“送花”之恩，这是毛南族群众一生中最主要和最隆重的祭神敬鬼活动之一。所谓的三分愿用猪，七分愿用黄牛，九分愿用羊或者水牛，其中寓意着毛南族群众渴求人丁兴旺、六畜平安、财源茂盛的美好愿望。

妇女怀孕了，是要进行“祭解”的。所谓的“祭解”，“祭”即敬神酬神，求得神灵保佑；“解”即消除灾难，让母婴平安。在毛南族的观念里，人的生命历程起点，不是婴儿呱呱坠地的瞬间，而是在胚胎孕育之初就开始了。所以，当儿媳孕育“花种”后，家公家婆就会去找师公、巫婆或者算命先生对孕妇妊娠期间所遭遇的情况进行判断，根据个人情况，采取不同的“祭解”方式，以求脱灾解难，让孕妇平安度过孕期，使孩子顺利降生。这不能以唯心抑或迷信等概念强而括之，这其中，实际上包含着对生命的一种关注、一种尊敬。

“祭解”有以下几种：一是血盆解。二是血罗关。三是落井解。四是半路解。五是七（九）井关解。

“祭解”的过程，也是一种对生命的诠释过程。在毛南族的生育观里，生命就有如一朵娇贵的花儿一样，需要精心细作和呵护，无论春夏与秋冬，无论含苞抑或怒放，一个生命的降临，就是一种恩宠，一种希望。所以，当小孩要出生时，所要做的第一件事就是烧一盆临盆水，先将锅头烧红，再滴三滴水，使锅头发出“沙沙”的响声，同时

待到滴水蒸发干净，才大瓢舀水进锅。没有谁能够解释清楚为何要如此讲究，也没有谁要刻意地去深究这一寓意，一切周而复始、始而复返的现象，皆因传统，皆因传承，更皆因坚持。所以，当出生的小孩为男孩时，就往临盆水里投入一支笔，旨在祝福小孩将来饱经诗书、成才如仕；当出生的小孩为女孩时，就往临盆水里投入一件精致的纺织品或者是刺绣物，寓意孩子长大后心灵手巧、贤淑端庄。这其中，寄寓的，不仅是作为父母的殷切希望，而且也是对一个民族未来的美好期盼。

凤腾山毛南族古墓群　（桂鸿摄）

生命降临之初，最为关注的一件事就是“踏生”。旧时，毛南族认为在孩子出生后第一个踏进家门的、非族内人的外来人对孩子的影响重大，因为这个人的性格品行直接影响着孩子后来的性格品行，所以，主家对第一个踏进家门的人非常尊敬，不仅要笑脸相迎，恭恭敬敬地献上一杯醇厚的美酒，还要说一些诸如“很高兴你的到来”、“希望小孩以后像你一样知书达理”之类的话。而踏生者也会说一些吉祥的话，如祝愿孩子将来聪明能干、好学上进等。“踏生者”是不能预约的，也不能是事先指定某人的，前来踏生的来者只能产生于无意的巧合中，否则就失去了踏生的真正含义。主人家也希望踏生者是一个勤劳善良、作风正派、品行好、口碑好的人，倘若是作风败坏、好吃懒做、专营苟且之事的人来家，主人家远远看见会紧闭大门，不让其进屋。

孩子满三日，还要举办“三朝会”，毛南语称为“费三英”。这一早，邻里乡亲、亲朋好友都不约而同、提物携礼前来祝贺，共同分享新生命所带来的喜悦。“三朝会”要蒸煮红色糯米饭、煮红鸡蛋，在产妇门前杀一只鸡，意为报答万岁娘娘的赐花送子之恩，并准备其他祭品摆放在祭桌上，以此来供奉祖宗及三界公。祭祖供奉之后，产妇要先抓一小把的红糯米饭，放在米筒底，焚香祭奠，然后憋住气，拿起米筒放到床上孩子的身边，认为这样孩子就不会在床上屙屎拉尿，如果要屙屎拉尿，小孩会伸手向大人示意；这时，产妇可以抱小孩出卧室，但要一鼓作气，不能东张西望，担心孩子以后会胆小性怯，害羞怕生。举办“三朝会”，实质就是向亲朋好友宣告孩子的降生，因为毛南族认为，初生的孩子只有满了三日，安然无恙，这才说明生命已经比较安全和保险。喝过了“三朝酒”，还要请师公或者算命先生，根据孩子的生辰八字，测算孩子命中带有什么关煞，如短命关、金锁关、空花关、断桥关、落水关、百日关、劫杀关、过桥关、大败关等，并依据不同的关煞，给孩子进行“祭解”。

产妇产后第 33 天，还要进行“卖猫月”，毛南语称为“别年妙”。这时，产妇可以出屋了，在洗过头后，要在最近的第一个圩日去赶集，赶集回来后，就可以外出串门了。要去哪家串门，一般会预先通知对方，让对方有所准备，以便能够回赠一些礼品。产妇去串门时，要带上猪肉、酒、面条等，并和主人家一同欢聚进餐。“卖猫月”后，产妇要回娘家“卖月”，意即宣告生孩子已经满月了，身上干净了，可以和往常一样，不再受行动的限制了。回娘家“卖月”，一般要带一只鸡、一斤猪肉、一捆面条、一斤酒等。“卖月”回来后，就要置办“满月酒”，毛南语称“顶年”。这一天，主人家要包好粽子，准备好鸡、鸭、鱼、肉等晚餐，前来祝贺的亲戚朋友则带上鸡蛋、面条、被套、玩具、封包等，同时还要请来山歌手，相互对歌助兴，共同祝愿新生命茁壮

成长。

至此，新生命已经开始了新的人生旅程，毛南山乡又增添了一个新的希望，增添了一道新的亮丽风景。勤劳、善良、质朴的毛南族人民，就这样，在生命的“祭”与“解”中，生生不息，代代传承。

第五节　托体同山阿

生虔诚“祭解”，死亦然洒脱。在毛南族的观念中，一切生命，初始源于自然，最后要终归自然。生与死之间，就如同灿烂阳光下的一个转身，那样自然，那样洒脱。生的世界与死的世界，只是一个时空的转换，阳间的生活，到阴间还要继续。生生死死，就如同一个圆，从起点而起，回起点而终，如此周而复始，圆圆实实。

灵魂是永不泯灭的，纵然血肉之躯化为一抔黄土，一缕青烟，但其精核，却永远在子孙后代中传承，在另一个世界里得到安乐和永生。所以，毛南族对寿终正寝的老人的葬礼都特别重视，隆重而庄严，繁杂而忙碌。

老人去世，首先是要买水沐身。当老人咽下最后一口气，要连放地炮三响。这哀怨的地炮声、哭声，是对老人最后的作别，也是对亲戚朋友的一种泣泪告知。亲戚朋友听到炮声后，会不约而同地来到丧家，表示哀悼。这时，孝男手持水桶、谷穗、香烛、纸钱以及几枚硬币等到井边或山塘、河溪边，给死者买水洗身。在去水井的路上，要一路撒纸钱，到达井边后，先在井边焚香祭拜，并焚化剩余的纸钱，接着将手中的硬币丢到井里，意为“买水”，然后才能从井里打水。打水回来后，先烧热，取一大碗，倒进陶罐里，掺上米草碱，由孝男孝女洗身。洗身时，将死者扶起，让其坐在凳子上，面朝西，意为死者死后要朝西走。洗身要用白布蘸水，男左女右、从上到下要洗抹三次，每抹完一次，要换一次水。洗毕，男的剃头戴帽，女的梳辫打结。然后为死者穿上新衣，一般为单数，如三件、五件、七件不等，并穿上白底黑面的布鞋。洗好身穿完衣后，将死者的床板拆下，平铺在卧室地上，将死者平放其上。为防止死者灵魂死后乱跑，还要用麻绳将死者的脚拇趾绑在一起，直到请来师公为其念开路经才能解开。在死者的头部前，要摆上蜡烛或香油灯、一小碗糯米饭，意即光明、粮食与死者同行。灯影摇曳，哀声四起，死者寂然，生者悲痛，一切尘缘，该了未了，都尽在这凄风哭雨中。

该去舅家报丧了。舅家是木之根、水之源，父母故去，要先行泣告。报丧时，孝男身穿孝服，用黑碳或者锅灰在额前画上一条黑线，表示家有丧事。若是父亲去世，就在左脸颊上画一道；若是母亲去世，则在右脸颊上画一道。孝男要手持小竹篮，竹篮里装着死者的牌位，意即呼唤死者一道去舅家；牌前放着一碗米，上插有点燃的香，同时带着酒、面条等，由一个人陪同着前去舅家。一路上，孝男不能回头，也不能讲话，碰到人家打招呼只能点头，要不然死者的魂魄会乱跑；碰到三岔路，要放一些纸钱；遇河也要焚香和烧纸钱，买桥买路过河。到了舅家门口，孝男要俯首长跪，由陪同去的人进门通报舅家。舅舅出门后，为孝男脱去孝服，将其扶起，引其进门。进门后，孝男要先向舅家祖宗牌位跪拜祭祀，再一一跪拜舅家长辈，并向舅舅说明死者去世的经过，征求料理后事的意见。临回时，孝男要再次跪谢舅家祖宗牌位，焚香呼唤死者回归。这是第一次报丧，又称“素报”，目的是让舅家知道死者去世的情况。出殡前，丧家还要宰杀猪、鸡、鸭等，持肉、酒、香、纸钱等，前去舅家第二次报丧，请舅舅来主持丧葬仪式，此为“荤报”。旧时，在第一次报丧时，有请舅舅同返“验尸”的说法，经过舅舅的允许后，方能给死者洗身换衣入殓。这是人类社会舅权的一种遗存。毛南族认为，“亲不过娘亲，大不过舅大”，舅舅是

家族中权力最大的长者，外甥家的事情，无论巨细，都有权一一过问，经其点头应允，才能进行，否则，外甥家就成为了“断源之水，断根之木”。

入殓需经师公选好吉时。入棺时，事先要在棺材里垫上一条白布，在布上撒一些纸钱，或者是撒一些香灰，然后用两条白布裹住尸体，用麻绳按头、腰、脚三个部分捆成三节，由三人分别抬死者的头、腰、脚三部分平放入棺中。棺材里放有一片瓦片，死者的头就枕在瓦片的槽中，使其头颅不能左右摆动，起到固定的作用，以便下葬时能准确固定方向，使身体各点能够连成一线对准山体的中脉。要在死者的舌头下放一枚硬币，让其手里握一些钱，旁边还要放着死者生前穿过的衣服、用过的日用品以及嫂子、侄媳等所送的白布，意为死者要远行，要为其准备一些简单的行旅。但绝对不能随葬金属制品，如衣服的扣子或者金属假牙之类的都要取出，死者只能穿布鞋，不能穿皮鞋之类的。尸体入殓后，棺材是不能放在屋子里的，一定要放在屋檐下或者是屋外的走廊上，并用篷布或不透明的塑料布遮住，不能让阳光照到棺材上，同时，要在棺材的头端点上一盏清油灯。这时，孝女要守在棺材边，而孝男守在屋中师公所设的祭桌旁，焚香烧纸。那袅袅香烟，缕缕幽风，似死者在殷切叮嘱，又如死者在依依作别。

因为相信灵魂不死，并且可以转化，所以，要请师公来开路打斋，超度亡灵。“此时正利时，缈缈飘香烟。儿披麻戴孝，持幡在灵前。灯光亮堂堂，父（母）归西为仙。喊天天不应，儿女泪涟涟。斋席已办成，此时把路开。喊声你土地，请把耳来听。你在哪安身？你在哪里沉？天下路多多，上哪条寻问？天下几大洲？上哪洲去请？告声你土地，千人万人请。慢去领别筵，先进我家门。”[①] 凄凉委婉的《开路科仪》，为死者开通到达阴府和天堂之路，祈请众神，将死者灵魂带入冥

---

① 卢敏飞，蒙国荣．毛南山乡风情录．四川民族出版社，1994：180.

间，引入天堂。接下来，要为死者打斋。毛南族认为，人死后，亡灵到达地府，都要经过十殿阎罗的审查，看其有无罪过，清白者可以重新投胎转为后世人，罪孽深重者，则要被罚为禽兽，任人使役。打斋过后，便是超度亡灵。这时，主持仪式的师公成了兼职的歌师，其要用念经和唱歌的形式，请列祖列宗回来赴宴，并护送亡灵到阴间，同时还述说死者生前的辛劳以及子女对其的怀念哀悼之情。超度时，堂前地下，孝男持幡跪其中，孝女、女婿、孙男、孙女围蹲四周，左邻右舍和房族亲友围拥在外，聆听师公吟唱《召祖歌》、《敬献十杯酒》、《吊丧歌》等，声声入情，句句浸泪，如泣如诉，感人肺腑。

出殡时，师公手捧一碗清水，并嘴含着往旁边喷洒三次，然后摔碎碗，打碎长明灯，意为死者既安然死去，就不要回头，要平安到达目的地。之后，众人就将棺材抬起，往坟地走。坟地事先就已经请地理先生选择好了，通过看死者的生辰八字，结合水、火、金、木、土等方位，择选吉穴。到达坟地时，师公先作法，将鸡血按东、南、西、北等四个方向喷洒于墓穴四周，然后撒上一些白米。这时，孝男孝女要用衣服包起由鸡血和米混合的泥土，带回家中，倒进神台的香炉里进行焚香供奉，据称，这是死者留给后代的土地和粮食，可以保佑后辈人丁兴旺、富贵一生。同时，孝男孝女要将一些硬币和纸钱丢入墓穴中，意即已经买下坟地。然后将棺材放进墓穴中，要放平摆正，头必须枕着山顶，脚要伸向山底，这样意味着死者能够住得安稳，一眼就可以看见山脚下的事物，不至于被山挡住了视线。在棺材放入墓穴时，要取下死者舌下的硬币，并解下捆在死者身上的三根麻绳，将之系在孝男的身上，据称这样可以给丧家带来福祉，消除灾难。填土时，孝男孝女要先填三铲，一放头，二放中间，三放脚，最后才大家一起填土。宁隔千里路，不隔一层土，从此，相聚已经遥遥无期，唯有无限的思念，就这样夜以继日地倾满了整座青山。

出殡后就是守孝。旧时，父母去世后，孝男要守孝四个月，期满后还要请舅舅剃发，将白帽取下，戴上蓝帽，一直戴三年，方得脱孝；而孝女，在守孝的四个月内，同样不能洗头。守孝期间，孝男孝女晚上要上坟守护。现在，一些礼俗已经有所改变，孝男孝女在父母入土为安后，即可在坟前将孝服脱下；整个葬礼完成后，孝男孝女用师公祭祀并焚化的纸钱的灰烬泡水漱口后，即可以吃荤食。所以，往往会有这样的情况，在死者下葬后，丧家就宰杀猪、鸡、鸭等，宴待众宾客，其间，孝男孝女周旋于酒桌上，尽力劝酒，而宾客则开怀畅饮，一醉方休。这并不是毛南族对死去的亲人不悲哀，而是在灵魂不灭、可以转化的观念下，以一种超然、洒脱、平静的心态对待死亡。下葬后的第二个圩日，孝男孝女要身着孝服，手捧一炷香，呼唤着死者的名字，带其去赶最后一趟集。到街上，还要买一碗粉，放置于桌上，意即让死者吃。四个月后的第一个中元节，要请师公来把死者的各种遗物烧给死者，请死者拿走属于自己的东西。同时，还要在自家田地的角边上插上一根带有青叶的竹枝，即“插青分田”，让故去的亲人在阴间也有田地可种，表达子女的孝顺与尊重之情。阴间阳间，不同的时空，但却是相同的生活，这也是一种传承吧。

是啊，生命源于自然，又终于自然，也许，在生与死之间，我们不曾停留，也不曾远去。

第六章

生命律动

岁月如歌，生命似弦，其中抑或缠绵悱恻，抑或荡气回肠，抑或风花雪月，抑或击楫高歌，都源于对生命的敬重，对生活的热爱。就如这毛南山乡的一山一水、一草一木、一人一物，在生命与生活交织的旋律上，尽情地舞蹈着、欢悦着、憧憬着。

第一节　远古血缘婚

血缘婚是一种古老的婚姻制度，是指以同辈兄弟和姊妹之间相婚为基础的婚俗。恩格斯曾经这样描述过血缘婚："这里，婚姻集团是按照辈分来划分的：在家庭范围以内的所有祖父和祖母，都互为夫妻；他们的子女，即父亲和母亲，也是如此；同样，后者的子女，构成第三个共同夫妻圈子。而他们的子女，即第一个集团的曾孙子女们，又构成第四个圈子。这样，这一家庭形式中，仅仅排斥了祖先和子孙之间、双亲和子女之间互为夫妻的权利和义务。"① 作为人类社会的一员，在婚俗方面，毛南族和其他兄弟民族一样，同样也残余有"姑舅表

① 卢敏飞，蒙国荣．毛南山乡风情录．四川民族出版社，1994：180.

婚”、“兄（弟）终弟（兄）及”和婚后“不落夫家”等远古血缘婚的痕迹。

旧时，毛南山乡有民歌唱道：“穷人姐女嫁弟仔，富人姐仔娶弟女。”俗语也称：“难得娶姨表（舅舅的女儿）为妻。”在一部分毛南族看来，在缔结婚姻时，首选的对象是姑舅两家，即兄弟的儿子优先考虑姐妹的女儿，他们认为，“姐仔娶弟女”的婚姻是“亲上加亲”，是最好不过了。

所谓的“兄终弟及”或者是“弟终兄及”，即哥哥死后，弟弟如果未婚，可以娶嫂子为妻；弟弟死后，哥哥如果未婚或者是丧妻的，也可以娶弟媳为妻；还有一种情况是，妻子死了，如果妻的姐妹愿意的，也可以嫁给姐夫或妹夫。

“不落夫家”，又称“不乐家”、“坐家”、“坐娘家”、“长住娘家”，即已经出嫁的女子，除节日喜庆或者农忙季节丈夫专程接到夫家过节和帮忙并小住以外，婚后生育以前都不在夫家居住，而在娘家直至有了身孕才去夫家。这种情况短则一两年，长则有七八年，甚至也有二十年以上的。因为媳妇要经常在夫家与娘家之间走动，所以毛南族又称之为“走媳妇路”。一方山水养一方人，同样一方山水也滋生着一方的民俗。有研究指出：旧时，毛南山乡盛行早婚，男女双方还年幼无知，便懵懵懂懂地成了婚，对于家庭的责任感、社会阅历、生活知识等都处于一种空白的状态，如果过早同房，对家庭、对身体都极为不利。所以，婚虽结了，但还是要长期两地分居，有助于男女双方心智的成熟，增添彼此之间的了解，而且，也有利于后一代的健康成长。通过“走媳妇路”，新媳妇可以在娘家与婆家的往返中，思想逐渐成熟完善，并逐渐熟知婆家的日常生活习俗，充分了解婆家及丈夫，从思想感情上慢慢地由“娘家人”变成“婆家人”，使家庭的组合更加幸福美满。[①] 实际上，如果我们再深一层次去探究，这应该是一种母系氏族社会向父系氏族社会的一种过渡。在母系氏族社会，子女跟随母亲生活，只知其母不知其父，母权至上。随着母系氏族社会向父系氏族社会迈进，父权占据了统治地位，一切以父权为中心，因此，母子要追随父亲生活。如此，我们就不难解释为什么毛南族男女青年在结婚后，会有这么一段"媳妇路"要走。这其中，影射的实际上就是人类社会发展的过程。但不管其中的历史与社会深意，"走媳妇路"的结果，无外乎会有以下几种结果：或是经历风雨，加深了解，成为恩爱夫妻；或是勉强凑合，组建家庭，过简单浑噩生活；或是志趣不同，各有所爱，最终劳燕分飞。所以，"走媳妇路"，抑或甜蜜，抑或辛酸，抑或无奈，也只有毛南山乡的峥嵘岁月才能洞察这一切。而在那节日或农忙季节里，那山间小径上，那田畴阡陌中，那乡寨村舍前，随处可见的毛南族青年女子，撑伞挎包，花团锦簇，脚步匆匆，这一切都在说明，人生新的旅程已经在毛南山乡悄然而浓烈地开启了。

实际上，以上远古的血缘婚形式，早已与我们的现代生活渐行渐远了，而这古老的记忆，还得延续到谭三孝的时代。应该说，谭三孝最初的"分疆"，应该不是出于解决近宗近亲不能结婚的问题，而是出于给子孙分疆分域，以此达到"宗维胜泽长"的目的。因为，谭三孝定居南昌屯后，及至"八疆"，人口较少，而周围又有多个民族、多种姓氏聚居，彼此通婚并无其他障碍。但无形当中，"分疆"对于解决近宗近亲不能通婚的问题也起到了一定的促进作用，这主要是因为后来其他姓氏逐渐迁出毛南山区，而谭氏这一宗支人口规模却越来越庞大，新迁进来的其他姓氏人口的增长速度远远无法和谭氏宗支相比，这就导致了谭氏宗支在婚姻上面临着其他姓氏无法提供足够的数量与其婚配的问题。为解决这一问题，谭氏宗支规定族规，同疆之内视为同宗

① 卢敏飞，蒙国荣．毛南山乡风情录．四川民族出版社，1994：143.

同族兄弟姐妹，不能通婚，但不同疆的，视其为不同姓，但又不改姓，可以通婚。这一族规，使得谭氏的通婚问题得到了解决。时至今日，虽然同“疆”，但只要不是直系血亲和三代以内的旁系血亲，都可以通婚了，这是时代与国家民主政治体制改革所带来的进步。所以，当前，在毛南山乡，夫妻同姓的情况比比皆是，如南昌屯，夫妻双方都健在的有72对，其中同为谭姓的就有58对，占80.6%。[①] 这是毛南山乡的一个特色，也是毛南族的一种本真体现。

时光荏苒，岁月如梭。虽然岁月会淘刷记忆，时光会磨平痕迹，但总也不会冲淡毛南族的血缘真情，因为，这是一种传承自祖宗的脉动，真实而深刻，绵延而流长。

第二节　以歌为媒

“妹的歌才盖过众，心灵嘴巧赛歌神。今晚有缘排妹坐，比吃蜜糖甜十分。”[②] 当小伙子悠扬动听的《引歌》响起，姑娘的心弦有如暖阳下的春湖，已经被拨弄得泛起了一圈圈的涟漪，轻快而闪烁地在毛南山乡上空荡漾开来。

毛南族是一个山歌的民族，有如一个能歌善舞的精灵，飘逸而轻盈。以歌交心，以歌探情，以歌结缘，歌，是男女青年互述衷肠、表达爱情的最好媒介。每逢春节、分龙节、中秋节或是嫁娶喜庆之日，毛南山乡的山山岭岭、村村寨寨、街街道道，总会聚集着三五成群的“勒别”、“勒作”（毛南语，“勒别”即小伙子，“勒作”即姑娘），他们身着节日的盛装，个个笑靥如花，或是窃窃私语，或是轻笑嘻骂，或

---

① 匡自明，黄润柏主编．毛南族——广西环江县南昌屯调查．云南大学出版社，2004：171.

② 以下内容所引的山歌，如无特别注明均引自卢敏飞，蒙国荣．毛南山乡风情录．四川民族出版社，1994：123。

是顾盼生辉。小伙子们表现得落落大方，姑娘们则个个娇羞满面，一顶顶花竹帽，一双双黑面白底布鞋，正在期盼着一个个爱情故事的演绎。

对歌之前，先要“抢帽”。花竹帽是毛南族姑娘在赶圩或者是走亲访友必备的物品，一方面，可以起到遮风挡雨的作用；另一方面，也可以打扮装饰自己。除了花竹帽，手里还要攥着或者荷包里放着一方手帕。这些既是姑娘的心爱之物，也是小伙子千方百计要抢夺的对象。当一位小伙子看中哪位姑娘时，就要寻思抢走她的花竹帽或者是手帕，姑娘若是也对小伙子中意，那么就默不作声，高兴地让小伙子拿走花竹帽或者是手帕，日后也寻思向小伙子索取一件礼物作为纪念；如果姑娘对抢走她花竹帽或者手帕的小伙子不满意，会立即把帽子或者是手帕抢回来，即使当时抢不回来，日后也要通过各种方式要回来。当然，也有一些求偶心切的姑娘，故意松戴花竹帽或者是将手帕外露，以便让有心的小伙子抢走。小伙子“抢帽”成功后，姑娘也不索回，而是娇羞含笑，就意味着可以交往，可以对歌了。于是，《引歌》就唱起了。

少女与花竹帽　（蒙玉祝摄）

小伙子们的《引歌》虽然情深意切，婉转动人，但还是没有能够马上敲开姑娘们的心扉，于是，小伙子又趁势出击，唱起了一串串的

《邀请歌》："今晚有幸到妹村，多谢众妹来相迎。唱句山歌添热闹，妹不嫌弃就搭音。听说众妹是歌仙，妹唱的歌早闻名。百闻不如得一见，想听金贵（毛南语，即报春鸟）报新春。"实际上，姑娘们早已春意荡漾，跃跃欲试了，只不过少女天生的自矜与羞涩，使得她们"犹抱琵琶半遮面"，欲语还休。这不，一听到小伙子们浓情蜜意的《邀请歌》，便开始首开金嗓了，一曲《见面歌》如山溪坠流，清脆动人："今晚凤凰飞进村，千金万银难得请。草木不生贫瘦地，难闻骏马一啸声。河边杨柳排对排，竹叶当船渡妹来。阿哥情意比山重，笨嘴唱歌也心开。"这样，姑娘们一开腔，爱情已经在开始酝酿了。

山歌定情，这一富有浪漫主义色彩的爱情方式，在很多民族当中都有存在，也各有特点，只不过，毛南族的山歌定情，浪漫中还兼具实际。或许，山居岁月，使得毛南族青年长年面壁青山，以黄土、溪流为伴，社交圈子比较狭窄，而且一年四季的辛勤劳作，多数时间也无闲情逸致宣泄自己的情感，这就使得他们即使在表述自己的心意时，也依然如脚下土地般的淳朴和憨厚："听妹歌声纷纷落，声声烘暖我心窝。阿妹心灵见识广，多多包涵笨哥哥。肚里只恨歌才浅，重重担心没奈何。听妹歌声纷纷落，歌唱不成莫怪哥。"而姑娘们则诚心应答："昨晚中堂灯花开，夜里做梦闯年台（毛南语，"年台"即月老）。今日勒宝（毛南语，"勒宝"是毛南族姑娘对后生哥的爱称，即"情哥"）游山寨，金鸡飞到我村来。想向阿哥问句话，黄嘴嫩鸟口难开。"既然姑娘如此通情达理，又如此善解人意，小伙子当然要进一步赞美一番："崖上的桃花哟，开得格外红艳。石缝里的牡丹哟，长得分外娇妍。三南的花瓜哟，味道特别香甜。勤劳的姑娘哟，怎能不使人迷恋。"悠扬的歌声，浓烈的情感，纵是万般情缘，也早已融化其中。

缘分暗定，情丝渐结，但还得陈述身世，坦诚相告，让意中人对自己有个了解，于是，小伙子就会唱起幽怨的《叹身歌》："黄连哪比我身苦，雪梅哪比我身寒。杂草哪比我身贱，独猴哪比我身单。昨夜花香月又圆，我去串寨到南山。人家双双赏月亮，独我单身好孤寒。”其实，所谓的“苦”与“寒”，“贱”与“单”，只不过是小伙子在以悲博情，“单”是真，但“苦”、“寒”、“贱”，却未必为实，而是一种欲擒故纵之计，其中隐藏的是小伙子欢悦、激动的心情。苦情是致命的武器，最能引起人心共鸣，更何况是温柔善良的毛南族姑娘。歌者有意，听者有情，小伙子缠绵悱恻的歌声，深深地触动了姑娘心灵深处那柔弱的神经，先是怜悯，继而同情，进而爱慕，最后安抚：“黄瓜苦头甜在尾，雄鹰由低飞到高。椿木苗香香在顶，凤竹青秀秀在梢。吃尽苦水甜头来，过了寒冬春暖到。欢歌身单莫丧志，好汉终会遇良姣。”这时，心迹已表明，芳心已暗许了。

但姑娘家天生矜持，她们虽然难掩内心的喜悦，还是不能表露得太过于直接，就如这毛南山乡的岁月，简单而真诚，朴实而含蓄。即使小伙子连续以歌代言，详细地介绍自己的情况，倾吐真情，至真至诚；即使知道小伙子相貌英俊威武、品行高尚，也佯意推却，半遮半掩，以探真情：“你像麒麟那样尊贵，野狸怎么能相配！你像天鹅穿云行飞，家雀怎么能跟随！世上人人爱吃蜜柑，难道你想摘野梅？切莫乱连苦命女啊，恐防一生一世挨吃亏！”小伙子一细听姑娘的倾诉，就知道情缘已定，不由欣喜若狂，迫不及待地唱道：“定要连，定要和妹把情谈！打柴哪怕山高陡，砍棘哪怕棘来缠。扛锹上岭挖山薯，不得山薯不下山。提笼进林装媒鸟，不得锦鸡不回还。”如此山盟海誓，听得姑娘心花怒放，此时，情已浓，意已深，彼此已经缠绵不断，难分难舍：“哥像太阳在天庭，只见光辉难靠近。妹像霜夜孤寒星，难与太阳相伴行。哥像金鸡在山顶，只听叫声不见影。妹像塘底小青蛙，难与金鸡共欢鸣。”小伙子知道，姑娘此时已经有意托付终身，不由地就此以天地为盟，以日月为誓：“山姜配蒜香配香，糖配红薯甜配甜。铁配石头重配重，满月配太阳圆配圆。铜锣伴鼓响伴响，柳配牡丹鲜配鲜。哥连情妹恩又爱，水伴青山千百年。”所谓歌越唱，情越浓，人越迷，随着你歌我唱，我问你答，到最后，情歌渐欲迷人心，两颗年轻的心，此时已经紧紧地贴在了一起。

而男女青年并非初次对歌便能结成秦晋之好，要喜结良缘，还需经过长期的考验。通过对歌，男女青年可以互相交心，倾吐衷情，而要私定终身，还需一段很长的路程要走。歌声就像一封封情书，虽然无需笔墨，但也要长期挥洒，表露心迹，才能俘获对方的心。毛南族青年虽然以歌为媒，通过对歌定情，但也需要三五个月，乃至数年的反复对唱，经过明察暗访，多方考验，才能深入了解对方，看彼此是否情投意合，是否能够就此托付终身。如果认定对方就是自己人生的另一半，小伙子就会将漂亮的花竹帽赠与姑娘，并千叮咛、万嘱咐：“月亮偏西日头出，哥妹坳口情依依。此时我俩就分离，哪样给妹表心意？给妹送顶花竹帽，又挡太阳又挡雨。哪时想哥妹就戴，莫让新帽沾黄泥。”接过小伙子的花竹帽，姑娘也立下誓言：“妈送的床单棉被哟，我深深地锁在箱底。哥送的花竹帽哟，我雨晴戴着不分离。别人送我千斤金银哟，我一万个瞧不起。看到帽儿想起哥哥哟，花竹帽儿伴我进入甜梦里。”至此，歌虽初歇，但情已浓，人也醉，佳期也已为时不远了。

相爱是甜蜜的，歌声是浓情的。说不清爱情是为歌而生，还是歌为爱情而唱，但有天地作证，日月为盟，所以，毛南山乡的情感才如此浓烈，如此的坚贞不渝：“叮嘱侬啊第一句，莫像路人坐青石。歇罢困倦起身起，举脚反把青石踢。连双重在讲情义，要学石匠爱青石，一生一世不分离。”曾记得，汉代乐府民歌中也有《上邪》唱道：“上邪！我欲与君相知，长命无绝衰！山无陵，江水为竭，冬雷震震，夏雨雪，天地合，乃敢与君绝。”所以，千百年来，无论时光怎么变迁，也无论岁月如何流逝，总有那一份情缘，依然如此坚守，如此不变地传承。

第三节　别致婚礼

姻缘已定，接下来，就是举行婚礼了。毛南族的婚礼，有悠扬激越的山歌，有郑重其事的“送魂”，有甘香醇浓的美酒，有其乐融融的笑意，更有欢天喜地的庆贺。

虽然，对歌可以让男女青年自由结识，可以缔结良缘，但是，真正到婚姻上，还要遵从“父母之命”，听从“媒妁之言”，要进行“落典相亲”。旧时，毛南族盛行早婚，所以，男女青年的婚姻一般为家里的长辈安排，如果一些亲朋好友对自己亲友的子女十分中意，便会相互攀亲，在对方同意后，男方就会请信赖的媒人前去说媒；另一种方式是，当男女青年通过对歌深入了解后，觉得对方就是值得托付终身的人，男方在征得父母的同意后，选择吉日，委托媒人到女方家去说媒。媒人到达女方家，若女方家同意，就会拿出姑娘的生辰八字，连同小伙子的生辰八字一起去给算命先生测算，如双方生辰八字相生相和，那么就可以安排两人进行相亲。如果双方以前不认识，是经媒人介绍第一次见面，那么，相亲的场合就会相对庄重。相亲的地点，既不在男方家，也不在女方家，通常由媒人选定，多在集市上、半路上或者媒人家，这样做的目的是为了避免日后好事不成给彼此之间带来尴尬。见面后，媒人首先向男女双方介绍对方的情况，然后让双方进行自由交流，内容多为双方的家庭情况、日常的生活农事等。待男女双方都对彼此有了一个大致的了解之后，媒人就会走到两个人的中间，一只手伸向男方，一只手伸向女方，说：“依啊，同意不同意啊，同意就请给典。”这就是“落典”。“落典”是男女双方表态的一种方式，如

果双方彼此都中意，那么给媒人的“典”（钱）就多。过了些日子，媒人就会分别到男方家和女方家，告诉对方的意愿，从而准备下一步的定亲仪式。当然，倘若一方对另一方不满意，给媒人的“典”就相对少，甚至不给“典”。虽然意有他属，但又不便明说，通过“落典”的形式，婉言谢绝，这也是毛南族一种含蓄的表达。

“落典”之后，便是“穿耳定亲”。毛南族有民谚：“只有藤缠树，没有树缠藤。”定亲一般是由男方主动提出来的。当双方的恋爱关系定下来后，男方要携带糖果、烟、酒、茶叶等礼物，邀请媒人一起择吉日到女方家提亲。媒人作为中介人一般替男方向女方家表达求婚的愿望，并商定彩礼钱。若女方同意，则当晚邀请房族亲友共聚一餐，就算把婚事定下来了，毛南语将之称为“穿耳”。定亲之后，过了一段时间，便要开始迎娶媳妇进门、进行完婚了。但有一种比较特殊的情况，就是如果男女青年的年龄尚小，或者因男方的经济条件欠佳而准备不足等缘故，需要推迟婚期的，又需要给女孩子一个名分，这就要先作象征性的结婚，即要举行“踩门”仪式，毛南语称为“纱结”，意为上门阶。这一天，女孩子择吉日在姑嫂或者是女伴的陪同下，前来男方家认亲。女孩子在进男方家时，需要脱下右边的鞋子，跨过门槛，再穿上鞋子。男方则要置办两三桌酒席，邀请本族的叔、伯等长辈来与未来的媳妇见面，并每个人要给一些“认亲钱”，毛南族又称为“哄媳妇钱”。当晚，女孩子在同伴的陪同下，在男方家住上一宿，第二天才回娘家。“踩门”过后的女孩子，从此名分已定，无论年龄大小，都不能称为姑娘，而是被称为“某某媳妇”了。虽然随着时间的流逝，早婚等现象已经消失，但作为一种传统，“踩门”的习俗却一直沿袭了下来。

结婚的日子终于来临了。毛南族在给新人布置新房时，不在新房设置合欢床，而是靠墙分别摆上两张床，一张是新郎的床，一张是新

毛南族迎新娘的彩礼　（章静摄）

娘的床，两床面面相对，称为“鸳鸯床”。“鸳鸯床”来源于一个凄美的传说：远古时候，发大水，除了盘古兄妹之外，天下所有的人都淹死了。为了人类种的繁衍，土地爷爷、松树等都劝兄妹俩成婚，但是亲兄妹怎么能结婚呢？于是盘古兄妹找来两捆湿艾，分做两堆，兄妹俩各点一堆，如果点燃的两股烟不交结在一起，那么说明两人不能结婚；但如果两股烟交结在一起，那么就意味着两人要结为夫妻。点火后，一时浓烟弥漫，两股烟柱，直冲云天，突然一阵大风吹来，两股烟柱顿时交结在一起，预示兄妹俩应该成亲。兄妹俩不服，又去问乌龟，乌龟给他们出主意，要他们把一对石磨抬到坡顶，再将磨扇和磨盘分别从坡顶上滚下来，如果两者依然结合到一起，那么兄妹俩就必须结婚。盘古兄妹答应了，将石磨抬到坡顶，各把磨盘和磨扇从山顶滚了下来，谁知，当磨盘和磨扇滚到山脚时，竟然稳稳地合到了一起。无奈，盘古兄妹只好结婚，但由于妹妹害羞，提出了结婚不举行拜堂

仪式，婚后同房不同床的条件。这样，此法就成了古规，世世代代流传了下来。这就是“鸳鸯床”的来历。

由于存在着长期“不落夫家”的习俗，毛南族认为，这是新媳妇的灵魂在外游离不定的缘故，于是，在结婚当日，新媳妇出娘家门时，要请师公来举行“送魂”仪式，进夫家门时，也要进行“招魂”仪式。两者均要焚香杀牲祭奠三界公爷，由师公念经作法，借助“神”力，促使新媳妇早日定居夫家，与丈夫互敬互爱，白头偕老。吉时已到，锣声已催，新媳妇要走出娘家，奔赴夫家了。这时，新媳妇款款起身，手持香烛，首先来到祖先的牌位前，进行祭拜，然后走到祖父母、父母面前，跪倒在地，一一作别。当新媳妇走下阶梯时，师公为其举行“送魂”仪式，祝愿她平安到达夫家，幸福美满。这时，新媳妇与家人依依惜别，含泪唱起了《哭嫁歌》：“人虽走去心不去，出门三步又回头，望见弟妹年纪都还小，去到夫家也难住得久……”这是一种喜歌，新媳妇虽然泪流满面，哭啼声肝肠欲断，心却是甜蜜的；虽然父母养育之恩，兄弟姐妹共处之情，随着脚步迈出门槛的一瞬间，一切有可能难以再续，但一种血脉亲情，却依然如这毛南山乡的流水，夜以继日，川流不息。如果男女双方在合八字时，出现女方年庚有所不利，新娘在跨进夫家门之前，就要经过“踢竹桥”或“踏纸屋”。所以，当迎亲的队伍到达离新郎家不远处时，就会看见一座用竹片和布条搭成的小桥。这时，新娘就要侧身持笠，姿态优雅地抬起左脚，将竹桥或者纸屋踢掉。踢掉竹桥，意即防止将来难产；踢掉纸屋，意即防止房屋坍塌。既然桥已踢，屋已踩，那么就意味着新媳妇就是夫家的一员了。进屋之前，还需师公挥舞法器，念念有词，为新媳妇进行“招魂”、“敬龙神”、“敬梁祝”的法事，目的是使新媳妇能够入宅安住，早落夫家，与新郎相敬如宾，携手一生。此时，鞭炮齐鸣，鼓乐同奏，新媳妇脱掉右脚布鞋，避免踏坏夫家的经济命脉，在一位子女双全的妇女的搀扶下款款登梯而上。[①] 这时，新郎及其父母都要远避屋外，不与新媳妇打照面，主要是为了防止以后为了生活琐事互相瞪眼，不能和睦相处。跨进同一门槛，就是同一家人了，从此，一家人自然协调，和和满满了。

婚礼的一个重要的程序是在娘家的“折被”和在夫家的“开被”仪式。在新媳妇出娘家门之前，要在娘家中堂举行隆重的“折被”仪式。中堂前铺好几张席子，所有的嫁妆都放在上面，旁边放着一个专门用来堆放嫁妆的四方形木架，毛南语称为“棉岗”。“棉岗”高1.5～2米，分上下两层，下层放一个木箱子，上层堆放新被子。“折被”一般由娘家两位子女双全的姑嫂或伯娘来进行，每床新被里要放上一些钱、两个红鸡蛋、两个三角粽以及糖果、瓜子、花生等，象征吉祥如意，幸福美满。被子要叠成四方形，与“棉岗”的内空一样大小，用一根红线成十字交叉形捆好，码放到“棉岗”上。“折被”的同时，要请两位女歌师来唱“折被歌”，每叠一床被，就要唱一些吉利的歌，比如：“叠好锦被第一床，来年生个好儿郎；叠好锦被第二床，富贵荣华美名扬；叠好锦被第三床，夫妻白发偕老享安康；叠好锦被第四床，儿女聪明状元郎；叠好锦被第五床，劳动致富第一桩……”[②] 除了新被子之外，还依次放上蚊帐、毛毯、床单等。然后，贴一朵大红花在“棉岗”前方的正中央，还要用一内装有茶壶、热水瓶、杯子等生活用品的脸盆封顶，最后用红布条将“棉岗”捆扎绑紧。一切准备妥当后，即由前来迎亲的队伍一起抬往新郎家。新媳妇过门后的第二天，要在新郎家的厅堂举行“开被”仪式。先在厅堂中间的横梁上挂一根竹竿，将“棉岗”打开后，拿出来的一床床新被子就挂在竹竿上，供亲友们

---

① 莫家仁．毛南族．民族出版社，1988：68.

② 匡自明，黄润柏主编．毛南族——广西环江县南昌屯调查．云南大学出版社，2004：190.

观赏。与“折被”一样，“开被”同样由新郎这边两个子女双全的姑嫂来进行，也要请男歌师和与女方一起来的女歌师对唱“开被歌”，毛南语称为“欢开棉”，祝愿主人家人财两旺、幸福安康等。如男歌师唱：“打开新被第三张，棉花闪闪满屋堂。一生劳累难忘记，喜得今日赏花香。”女歌师则谦虚回应：“虽然锦被送一岗，被里被面哪比人家强，阿婆粗心衣袖短，薄布土纱又小张。”两人各代表男女一方，一赞美，一谦虚，喜庆中不乏真诚。第一床新被子给新郎，祝愿新郎、新娘早生贵子、美满吉祥。新郎要双腿跪着接过被子，并拿到新房中放好。从第二床新被子起，则一一挂在竹竿上，向来赴喜宴的宾客展示。负责“开被”的两位姑嫂，为了沾主家的喜气，将福分带回家，也会先从新被子里拿一个糍粑、一个红鸡蛋、一根红绳等，其余的则全部抖出来，装在一个新盒子里。“开被”仪式结束后，新郎的母亲就将一些果品等洒向周围的宾客，让他们争抢，谁抢得越多，就说明沾的喜气

新娘新郎过彩桥　（章静摄）

越多。

“开被”仪式结束后，新媳妇就回娘家了。新媳妇回家后的第三天，新郎要带上肉、酒、烟、茶、面条等去请新媳妇回家。新媳妇回到婆家后，婆家请本族长辈相聚一堂，共进晚餐后，当着众长辈的面，家婆给新媳妇戴上银镯、玉镯等，并给新媳妇一捆棉纱，即“发棉”，意即以后家里的棉麻纺织等活，交由她来管理，这就意味着新媳妇从此已经成为婆家的正式成员了。

第四节　相携相助

人人生而平等，从一个国家、社会来说，这要看人与人之间的政治地位、经济发展、文化层次等的相互关系。但这似乎离普通老百姓的生活较为遥远，对于他们来说，家庭才是生活的核心，而父子祖孙之间是否和谐、夫妻妯娌之间是否和睦、兄弟姐妹之间是否和气，这才是最实实在在的平等。

在毛南族社会中，相继存在过扩大家庭、主干家庭、核心家庭等几种家庭结构。毛南族传统的扩大家庭，一般是祖孙、父子、兄弟姐妹等几代同堂。在这个大家庭里，每个人的家庭观念都非常强，所谓一荣俱荣，一损俱损。在这样的家庭中，虽然人口众多、规模较大、人际关系复杂，但是家庭功能结构却较为单一，主要是生产功能、生育功能和赡养功能，在家庭中的每个成员看来，组建家庭的主要目的就是生儿育女、传宗接代、养老送终。这样，注定了男女在家庭中地位的不同，男主外女主内的传统观念较为明显，家庭中的重大决策权和财政大权等均为男人所掌握，而女人一般只负责日常的生活琐事及操劳家务。这种家庭多存在着较为严重的重男轻女的思想，目前已经较为少见。主干家庭，主要是指父母和一个已婚或未婚兄弟姐妹生活

在一起，通常包括祖父母、父母和未婚子女等直系亲属三代人。这种家庭结构，在培养代际之间的同情心、联络代际之间的感情、赡养抚幼以及管理家务上都具有一定的优势，但由于整个家庭中存在着两对夫妻，形成两个中心，因而在由谁来执掌家庭权力的问题上也存在着一定的分歧，一时难以解决。这种家庭形式在毛南族社会还在一定的范围内存在，具有一定的生命力，同时也是由扩大家庭向核心家庭过渡的模式。随着社会经济的发展，毛南族的扩大家庭、主干家庭不断分化，家庭人口规模也逐渐变小，原来人口众多、人际关系复杂的大家庭，变成了父母与未婚子女一起生活的小家庭，这就是核心家庭。核心家庭一方面，家庭成员都是直系血亲，人际关系简单，易于处理，这就有利于促进融洽、和谐气氛的形成；另一方面，由于家庭功能日趋社会化，原来的生产、生育功能等逐渐减弱，而教育功能、娱乐功能日益增强，有利于家庭成员有更多的精力投入到社会中，从事其他农业生产以外的职业。目前，核心家庭由于其相对的优势，在毛南族家庭结构中占据着主体地位。

家庭结构的改变，所带来的最明显的就是夫妻关系的变化。虽然，毛南族青年在谈恋爱时，以歌为媒，以花竹帽结缘，以白底黑面布鞋寄情，形式浪漫，择偶自由，一旦组建了家庭，男人的地位就逐渐占据了主导。大多数毛南族群众认为，在以往的大家庭中，由于人际关系涉及兄弟、妯娌、婆媳、祖孙等，纷繁复杂，因此共同生活在同一屋檐下较易产生矛盾，且在利益分配和财产继承等问题上容易产生冲突，因此，彼此之间的关系较为复杂多变。而三四口人组成的小家庭的人际关系就较为单纯，每家每户可以根据自己的优势和长处谋求发展，关系较为融洽。一般情况下，子女一旦结婚，就要分家分户，父母很多时候都是与未婚子女一同生活，这样父母依然是家庭的核心。但如果子女均已结婚，父母仍然有劳动能力的，就可以两老单独生活；

父母无劳动能力的，赡养方面则按照分家时财产分配的状况来口头约定。但无论是哪种情况，男性一般在家庭中占据着很高的地位，掌握着家中的财政和经济大权，一切大小事务都由丈夫来做决定，妻子只能对丈夫唯命是从。20 世纪 80 年代以后，男女的家庭地位有了明显的改善。一份调查资料统计，在一个村子随机发放的 40 份调查问卷显示，在“你家里的事是夫妻相互商量”的问题中，回答“经常商量”的有 26 份，占 65%；回答“有时商量”的有 8 份，占 20%；回答“多由男方做主”的有 5 份，占 12.5%；回答“多由女方做主”的有 1 份，占 2.5%。① 这说明，改革开放以来，随着时代的进步和经济的发展，人的思想观念也发生了很大的改变，毛南族妇女的社会地位也得到了极大的提高。“经常商量”的回答不一定具有代表性，但在一定的程度上说明，夫妻互敬互爱、关系融洽，已经成为了毛南族家庭夫妻关系的主流。质朴善良的毛南族人越来越认识到：家不仅是一座避风港，有爱有情天地恒久，有福有祸共享同担；家还是一块万能的调色板，每个成员都是一种基色，只有相互融合，相互协调，才能画出最美的人生。

核心家庭的出现所带来的一个明显的变化就是家庭教育功能的增强。在毛南族的家庭里，父母对未成年子女有抚养和教育的义务，而成年子女对父母则有赡养的义务。这是人类社会的生存规则，所谓羊有跪乳之恩，鸦有反哺之意，前提是，父母辛劳撑起一个家，给孩子一个自由、广阔的成长空间。毛南族就是这样的典型，“三南文风颇盛”的传统，使得一个家庭的人际关系很多时候更多地表现在父母对子女的教育功能上。但孩子一生中的家庭教育，不同的年龄段有不同的启蒙老师，这主要取决于以下几个条件：一是有一定的文化知识，二是对孩子有一定的亲和力，三是与孩子有一定的接触时间。所以，

---

① 匡自明，黄润柏主编．毛南族——广西环江县南昌屯调查．云南大学出版社，2004：206.

很多时候，虽然爷爷奶奶与孩子的父母分开居住，但由于传统的习俗，帮带孙子孙女就成了爷爷奶奶的责任与义务。这样，孩子在1～3岁时，受爷爷奶奶的影响最大。一方面，相对而言，这一阶段爷爷奶奶与孩子接触的时间较多；另一方面，毛南族素来有“长者为师”的传统习俗，老人在带孩子的过程中，就会通过唱歌谣、哼催眠曲、讲故事等方式，将一些生活常识、知善行善的思想以及社会伦理道德等知识灌输给孙子孙女，这无形中对小孩的身心发育、思想成长具有一种潜移默化的作用。这一阶段，父母对孩子的教育作用相对较弱，主要是因为父母作为家庭的主要劳动力，要长年在外奔波劳碌，与孩子接触的时间较少，也没有太多的精力来教育小孩。相对于父亲来说，母亲在这一阶段的教育处在一种较为重要的地位，因为父亲作为家中最主要的劳动力，不仅长年在外操劳，与孩子缺乏沟通，而且父亲一般都有喝酒的习惯，毛南族认为，酒后教育孩子，无论是在方法上还是在内容上都有所欠妥。这些因素在很大程度上削弱了父亲在家庭教育中的影响力。当孩子长到五六岁时，已经具备了一定的活动能力和自主能力，基本上摆脱了爷爷奶奶的日常管教，这一阶段，家庭教育主要以父母为主。如果父母有一定文化，空闲时期除教孩子一些简单的读音识字外，还要教育孩子一些为人处世的礼节和道理。农忙的时候，父母多把孩子带到地里，让孩子站在田间地头看父母劳作，体味劳动和生产的艰辛。这时，父母或向孩子介绍一些生产用具的用途，或是让孩子拿一些比较轻巧的劳动工具，进行一些简单的劳动，以此来对孩子进行生产技能的教育，在劳动中树立孩子吃苦耐劳、自食其力的劳动者本质。所以，当你行走在毛南山乡时，看到三三两两稚童在田间地头挥汗如雨，或者肩挑重担背负重物踉踉跄跄地行走于山间小径时，你千万不要惊诧，也千万不要有“穷人的孩子早当家”的陈规旧念，因为这是毛南族的父母亲们，正在用这种近似无情的方式，培育着毛南族的下一代，放飞着毛南山乡的殷切希望。

亲不亲，兄弟姐妹情。在毛南族的家庭里，兄弟姐妹的情意，有如山上的藤缠树，相依相存，亲密难解。长兄如父，长姐为母，长子（女）对家中的弟妹，不仅关爱有加，平时帮助父母照顾弟妹，而且在某些特殊的情况下，还得放弃自己的学业，辍学在家帮助父母操劳农活，与父母一道供弟妹上学求识，即使自己成家单独立户后，也得为弟妹的学习、生活以及婚嫁之事操心。而众弟妹们也很尊敬长兄长姐，遇到重大的事情都会找长兄长姐商量。平时，兄弟姐妹们无论谁遇到困难，碰到麻烦，大家都会鼎力帮助，有钱出钱，有力出力，所谓天大地大，兄弟最大，山长水长，姐妹情长。

毛南山乡，那青山绿水、旷野繁花点缀的村村寨寨和嶙嶙屋舍，挥之不去，弃之不远。那其中，多少家庭琐事，多少血脉情缘，正并肩携手地向我们走来，风尘仆仆，却又那样的热闹繁华。

第五节　“拜寄”认亲

简单得近乎原始，淳朴得如同山月，这就是毛南族的“拜寄”认亲。“拜寄”这一习俗，镶嵌在中华民族丰富灿烂的民俗扉页上，无论是出于远古的传承，还是出于世俗的功利，都是人们憧憬平安、向往和谐、崇尚安康的具体表现。

说不清毛南族的“拜寄”认亲习俗源于何时，但水流归源、树茂推根，这不光是自然界的生长规律，也是人类社会的发展原则。毛南族经过长期的分化、同化、融合，最终形成了统一的人们共同体，贯穿其中的，则是千百年来锲而不舍地延续、传承的血缘族脉。当毛南族群众被这种共同的血缘族脉所召唤，并被赋予集体的力量时，他们就会努力维系这个拥有共同文化、共同姓氏、共同信仰的集体，并沿着这条血缘族

脉之线，将这个集体发展得更加长远，传承得更具有生命力。当还是一个集体时，在天灾人祸面前，血缘族脉就形成了一种强大的合力，一起拼搏，一起抗争，相互支持，相互合作，共同抗击灾祸。但随着人类社会的进步，当毛南族开始划分彼此时，在面对着各种力量，如山川河流、草木石土、凶禽猛兽以及异族他群的生存威胁时，个体的力量显然无法与这些庞大的力量相对抗。这时，就需要借助血缘族脉联合的力量、自然和超自然的力量，以此来护佑和推动个人的发展。这就需要“拜寄”。

孩子是生命维系及传承的纽带，所以，“拜寄”要从小孩开始。小孩出生后，要经“算命先生”测算，如果小孩有以下情况：一是孩子命大，害怕一对父母养不大，需要寄爹、寄妈（寄爹、寄妈，毛南语称为“卡博”、“卡 ”）来共同抚养；二是如果发现孩子金、木、水、火、土五行不足，怕孩子以后身体不健康、生儿育女不理想，或者是钱财不顺利，所以缺哪行，补哪行，需要找该行过剩的人来补，就要找寄爹、寄妈。寄爹、寄妈除了满足孩子的补“行”之外，还要规定在主家五服，即祖宗牌位上五代之外。

“拜寄”要选择吉日。父母要携小孩，带上猪肉、鸡、酒、烟、豆腐圆、面条等礼物前去“拜寄”。“拜寄”之后，小孩就称受拜寄者为寄爹、寄妈。若小孩是男的，就认女的做寄妈；若小孩是女的，就认男的做寄爹。寄爹、寄妈要根据小孩的五行情况，给小孩礼物：如果缺金，就给一些硬币回去花；如果缺木，就给一棵树苗拿回去种；如果缺水，就给半斤水拿回去煮饭吃；如果缺火，就给一盒火柴回去生火；如果缺土，就给一点土拿回去撒入自家菜地里。同时，寄爹、寄妈还要给小孩一只碗、一双筷子、一件上衣，碗筷带回家，供小孩专用，上衣由小孩贴身穿着，除洗换外，都不能离身，直到穿烂为止。此外，寄爹、寄妈还要给小孩取名字，这也要看小孩五行，缺什么就以什么为名，如缺金，就取带金字旁的名字，其他如缺木、缺水、缺火、缺土等，都要取带相关偏旁部首的名字。而且，还要在给小孩的上衣的背部里面缝上一块写有寄爹寄妈所取名字的红布，写上“谷旦拜寄某（即金、木、水、火、土中的一个字）命取名曰×××快长大吉”的字样。小孩回家后，要马上把上衣穿上，换洗时也要将红布拆下或用别针固定于换洗的衣服上，这块红布至少要背在背上一个月才能取下。“拜寄”之后，小孩就将寄爹、寄妈看作自己的第二父母，逢年过节，小孩可以不去外婆家，但是一定要携带鸡、鸭、酒、肉等礼物去看望寄爹、寄妈，双方像亲戚一样相互往来。而寄爹、寄妈也要回赠粽子、糖果、封包等礼物。双方如此往来，互敬互爱，直到寄爹、寄妈老去，即使寄爹、寄妈仙逝，两家后人仍然亲密往来。

“拜寄”，实际上在现实中形成了一种朴素的互助。如果我们回忆毛南族的形成过程，就不难理解这种“拜寄”习俗在毛南山乡的盛行。毛南山乡山高林密，野兽出没，生存条件十分恶劣，作为土著民族与外来民族相互融合而产生的一个民族，血缘纽带的联结对毛南族的生存与发展来说就十分重要。而且，在集体生活时代，族群的合力，足以应付不时的天灾人祸。随着社会生产力的发展，随着人口规模的日趋扩大，集体生活已经逐渐被小规模的家庭生活所取代，这就使得每一个家庭都必须强化自己的关系网，以此来保证自己的生存与发展，其中，最可靠，也最安全的，就是要形成一种“亲缘化”，而“拜寄”则充当了这样重要的角色，因为，这种方式切合人们从亲属联系出发来处理同非亲属者之间关系的实际，并且符合人们以此来看待和整合整个外部世界的倾向。通过“拜寄”所确立的虚拟亲子关系，毛南族的个体家庭之间可以相互往来，互通有无，在重大事项上实现交流，在春种秋收、红白喜事、建屋搭梁等实现互助等，这对于相对弱势的个体家庭，不仅因为新的一份力量的加入，扩大了自己的交际范围；而且也增强了自己的发展实力。从大的范围来讲，“拜寄”所建立的虚

拟的亲子关系，同样可以通过血缘族脉，使得家族与家族之间、村落与村落之间建立起一种更为亲密的联系，齐心齐德，相携相助，共同发展。从这种“拜寄”关系延伸出去，今天，倘若你走进毛南山乡，在这个村谈那个寨，在这个家说那户人，彼此好像都非常的熟稔，从中总会扯出一些亲缘的脉络。或许，这是“八疆”宗脉延伸及传承之故，但更多的是毛南族对未来希望的珍视和保护，也是毛南族对将来生活及生存的一种规划与承诺。

毛南族的“拜寄”，不仅认人为亲，也有认物为亲的。在“万物有灵”的观念的支配下，人们对自然物由崇拜、敬畏等逐渐发展到以虔诚之心与之攀上亲缘关系，这其中，保留了毛南族原始的本真和对自然神秘力量的笃信不移。所以，当小孩缺五行中的某行但又苦于找不到合适的人“拜寄”时，也可以一种自然物“拜寄”。如果缺水，就“拜寄”一条终年长流的河流；缺木，就“拜寄”一棵四季常青的松柏；缺土，就“拜寄”一块结实坚硬的岩石……“拜寄”一种自然物，同样要到该物面前进行杀鸡、摆肉、倒酒、焚香等祭供，并将之称为寄爹和寄妈，形式和拜人为寄爹、寄妈一样，唯一不同的是，以后逢年过节，不必再带着供品去供祭。

或许这种“拜寄”认亲的习俗，除了一些深层次的诸如血缘传承、宗亲延续、族脉扩张的解释外，真的就是因为旧时医疗卫生条件所限，父母为求孩子平安健康所寄寓的一种美好愿望，毕竟，随着科技的进步，毛南山乡医疗卫生条件的改善，孩子们的健康有了保证，现在的“拜寄”习俗越来越少了。但始终有那么一种亲情，在血脉中旷古流淌。因为，去了几趟毛南山乡，自己就一直被一种血缘之外的亲情所感动，既认了几门亲，也被认了几门亲，逢年过节，总有那么一些熟悉而又温馨的问候，从那遥远的毛南山乡，夹着那泥土的清香，热热闹闹地扑进我的怀里。

第七章

美好生活

又是一年一度“分龙节”，辰日一到，毛南人家要做的第一件事就是迎龙纳财：男的抢“黄金财”，女的抢“新水”。夏至辰日，东方泛白，鸡始啼鸣，男人就要直奔山上砍黄荆柴，谁能够抢先，谁就是第一个迎龙纳财的人。当扎着红绸的“黄金柴”扛回到家时，就预示着这一年四季财源广进，家庭和睦幸福。女的则盛装于身，成群结伴，肩挑木桶，手举火把，争先恐后地直奔泉源抢“新水”。谁最先抢到“新水”，谁家来年就生活甜蜜，百福齐天，祛除百病，幸福安康。这就是毛南族的美好生活，年年愿望依旧，年年生活趋新。

第一节　土能生金　寸土寸金

土地是农民的命根子。对毛南族来说，“土能生黄金，寸土也要耕”。每一片土地，都是一种生命，都孕育着希望，关系着生存与种的繁衍，因此，不仅重视，并且爱惜。

因为地处千山万壑，土地贫瘠，同时，作为一个以稻作为主的农业民族，注定了毛南族的日常生产生活肩负着太多的艰辛与磨难。早

在宋朝时期，毛南山乡的农业虽然有了一定的发展，但各地由于地理环境所致，发展也极为不平衡：在田峒及溪流一带，由于自然条件比较优越，多“种水田、采鱼”，“种稻似湖湘”，已经普遍使用铁制农具，利用畜力进行耕作，播种插秧、中耕追肥，其中的耕作技术已经相当精细；而在大石山区，则“虽有畲田，收粟甚少，但以药箭生取鸟兽”，[1] 尤其以毛南三乡为盛。由于四周石山高大绵亘，耕地面积狭小分散，缺少河流灌溉，一些地方，如毛南族聚居的下南、中南、波川、仪凤、堂八等地，虽有山间小平坝，大者百余亩，小者数十亩，但多靠山间泉水或小溪涧水进行灌溉，有的甚至是“望天田”（即农作物的种植依赖自然降水，靠天而种，依天而收）。所以，将有限的土地视同命根，从中可以看得出毛南山乡土地的珍贵，也看得出毛南族对土地的深厚情感。至明代，中央王朝在庆远南丹军民安抚司设南丹、俸仪、庆远三卫所，并派兵进行了屯田。洪武年间（1368～1398 年），仅庆远卫所屯垦的田地面积达 35 顷之多，其中毛南族聚居的思恩县就有 25 顷。[2] 由于是军屯，使用的都是中原地区的先进耕种技术和生产工具，如使用的耕牛，就系官府遣“中使至桂林等府市牛给”。[3] 中原先进的农业生产技术和生产工具的传入，极大地促进了毛南山乡的农业生产力的发展。这一时期，土地、山林仍属于一种公有制的性质，如“田户，古者耕田受之于公，毋得粥卖，故王制曰田里不粥，今河池田从无过剩之例”。[4] 但到了明朝中叶，这种土地公有制的性质开始有所改变，一些大小土酋公开或者半公开地掠夺和侵占共有土地，史

① 宋会要辑稿·蕃夷五。

② 广西壮族自治区地方志编纂委员会编．广西通志·民族志（上）．广西人民出版社，2009：414.

③ 广西壮族自治区地方志编纂委员会编．广西通志·民族志（上）．广西人民出版社，2009：414.

④ 广西壮族自治区地方志编纂委员会编．广西通志·民族志（上）．广西人民出版社，2009：414.

载“某人得业某人之田，充在田丁输赋，其行粮名字，一仍古老受田之户”，[①] 这种现象对毛南山乡的农业生产产生了一定的影响。清朝至民国年间，毛南地区土地公有制已经完全瓦解，土地私人占有和自由买卖盛行。这一时期，毛南山乡已经普遍使用脚踏犁、铧犁、锄头、耙、镰刀、禾剪等铁制工具，深耕细作技术在农业生产上得到了进一步推广。由于工具的多样化以及先进生产技术的运用，各种农作物的品种也有所增加，有水稻、玉米、三角麦、高粱、小米、黄豆、饭豆、猫豆、红薯、芋头、南瓜等；经济作物有油菜、棉花、黄麻、苎麻、花生、芝麻、甘蔗、烟草等；果蔬类有大蒜、生姜、萝卜、芥菜、番茄、香瓜等。在施肥上，普遍使用厩肥、农家肥，进行间种、套种等

毛南族山村人家收割稻谷　（李桐摄）

① 古今图书集成·方舆汇编职方典．卷一四一五．

轮番耕种方式，实现了一季多收，有效地增加了农作物产量，但粮食作物在产量上还较低，毛南山乡的农业生产基本上已经达到周围壮、汉等民族地区的发展水平。

新中国成立后，贫苦的广大毛南族群众分得了田地，实现了千百年来“耕者有其田”的夙愿，极大地解放了生产力，生产积极性也得到了极大提高。党的十一届三中全会以后，随着农业生产承包责任制的落实，毛南族及各族群众的生产积极性得到了充分调动，粮食产量有了大幅增长。从 20 世纪 80 年代中期开始，环江县就提出了“南糖北烟平地粮，山林坡果低洼桑”的发展思路，大力发展小桑园、小果园、小林场、小养殖场等场园经济，积极发展多种经营。至 1993 年，全县已经拥有小场园 33 592 个，其中小林场 3500 个，小果园 12 640 个，小桑园 8432 个，小蔗场 345 个，小烤烟场 81 个，小牧场 204 个。在多种经营、小而精的发展思路的推动下，2005 年，已经形成了一批支柱产业，无论是种植面积，还是产量都得到了大幅提高。在农业迅速发展的推动下，一批农产品加工企业也相继产生，并渐成规模，如远丰糖业有限公司、九万食品有限责任公司、环江螺丝厂、环江第二螺丝厂、中密度纤维厂、广西毛苗瑶食品有限公司等，全县的农业发展呈现出了一派欣欣向荣的气象。

自 1995 年起，环江县人均耕地面积特别是人均旱地面积有了大幅度的提高，这主要与当时山区移民造地有着很大的关系。实际上，“造地”是毛南族群众长期沿袭下来的传统。因为世居崇山峻岭，因为面对的是九分石头一分土的生存环境，毛南族对脚下的土地十分珍惜，只要发现山间石缝中有一小块土地，就会扛着脚踏犁去翻耕，并插上草结子，以此来宣示对这块土地的拥有权。狭小的空间是不能役使畜力的，所以，脚踏犁就变成了毛南族山居耕耘岁月的最主要的农具之一。脚踏犁一般为铁木结构，分为上下两部分，上部为犁杆和犁扶，下部为犁座和犁口，犁杆、犁扶、犁座均为木制，犁口为铁制。

那山间石缝的一块块土地，重重叠叠，状如巴掌，形似背带，若长若窄，若隐若现；那一抔抔的黄土中间，或是几株玉米、或是几藤南瓜、或是几弯饭豆、或是几挂黄瓜，都争先恐后地、充分地展示着自己的活力。这是脚踏犁所创造的奇迹，也是脚踏犁所孕育的活力。面积小、地势陡、石块多、路弯曲、拐角窄，这些都注定了畜力铁铧犁不能耕耘其中，而只有脚踏犁，才是毛南族山居耕耘的最爱，轻巧、简易、方便。虽然，越来越多的现代化生产工具日趋走进寻常百姓家，但脚踏犁仍然是山区耕作最主要的首选工具。无论岁月如何催生新物，时光如何创造时尚，但古老的脚踏犁，依然与毛南山乡的这片土地，相知相守，相融相存。

毛南族脚踏犁　（李桐摄）

今天，走进毛南族农家，一把把铮亮的脚踏犁，犹如出征前的队列，仍整整齐齐地摆放在正屋中堂；而房前屋后的石头上或是晒场上，一只只旧箩筐，或是一个个旧瓦罐，也都装满了肥泥，那其中，大蒜、香葱、南瓜苗等，正在热热闹闹地成长。这就是所谓的犁踏岁月、土育人生吧，如此生生不息，共存共荣。

第二节　穿越千年的“黔桂古道”

浮世繁华一觉醒，千年古道述传奇。那青石依旧，关口仍然，古树如故，只是，那匆忙的脚步，奋扬的马蹄，穿越的吆喝，却已难觅踪迹，唯有那斑驳的青苔，光滑的径面，风蚀的碑文，还如此坚守，倾诉着千年的风雨。

路是由一块一块的石头铺砌成的，宽不过五尺，窄亦有三尺，蜿蜒于崇山峻岭中，历经千年，沐雨栉风，山间铃响马帮来，石板道上蹄声碎。这就是环江“黔桂古道”。古道始建于汉代，重修于清代，东起环江县川山镇社村旧屯，西至贵州省荔波县洞塘乡板寨屯，全长约25公里，为史上贵州、四川、云南与广西、广东等地经济、文化交往的重要通道，史载其由县城西北过环江（河）经黄烟、叠石、下洛阳、打铁村、古宾、都腊、社村、尧蒙，下峒坪达黔桂交界之黎明关。[①] 据称，古道原有九个关口，但现在所能查阅的有八个关口，分别为峒平关、伟火关、甘哥关、上峒平关、洞滚关、木花关、洞巧关、黎明关。史上，各个关口均有重兵把守，保护过往的客商行人，同时对客商收税。但曾经的繁华已逝，唯有断垣残壁依稀可循。由于古道自汉代起至民国初年，为黔、川、滇连接桂、粤的主要咽喉通道，在军事、邮政、商贸、文化等方面具有重大的作用，因此又被称为大西南的“黄金通道”，亦称为大西南的“丝绸之路”，与北方的“丝绸之路”起着同等重要的作用。

贸易与战争总是有着千丝万缕的联系。历史上，“黔桂古道”曾经商贾云集，同时也是兵家必争之地，因此，多少历史典故和传说故事，都曾经在此演绎。汉代著名将军马援，曾率兵镇压交趾（今越南）征

---

① 思恩县志．1933年．

侧、征贰两姐妹领导的人民起义，并转战于黔桂地区，因其战功显赫，被中央朝廷封为伏波将军，其也曾在环江一带作战过，因此在今古道旁的东兴镇还有“汉伏波将军寓此”的碑刻。太平天国时期，太平天国著名将领翼王石达开也曾驰骋于这一古道。1930年4月初，邓小平、张云逸、李明瑞等率红七军主力到达河池、庆远、思恩等地，然后，张云逸率领第三纵队，沿古道向贵州进攻，攻占了黎明关；李明瑞率领的第二纵队，则经明伦、驯乐一带向贵州荔波县进攻，在板寨屯与张云逸所率领的部队会师，休整部队，宣传政治主张，扩充红军。随即攻打贵州军阀王家烈的后勤基地榕江县城，并大获全胜，为红七军北上扫清了道路。[①] 1944年11月，抗日战争末期，日军从古道向贵州侵袭，遭到了国民党第二十军一部的阻击，历经4天4夜，歼敌600多人，打残日军一个联队，重创日军企图经古道包抄黔桂边防重镇独山守军的阴谋。1949年冬，中国人民解放军第三十八军一五一师，由湘西出发，经湘、黔、桂边境地带，分兵一路，出其不意地利用古道入桂，解放了不设防的宜北、思恩、河池、宜山四县，将敌人陷于被动。[②] 逝者已远去，来者尤可追，古今多少英雄事，经岁月淘尽，历山风抚平，唯有这古道沧桑，携旷古同行。

往事已经灰飞烟灭，只剩一抹斜阳，几缕残照，几处断壁残垣，但那黎明关上“喜化一方开道坦，功垂万古仰天申”的对联，依旧在述说着昔日的热闹与繁华。

宋时，毛南山乡各少数民族已经同中央王朝及汉族进行“通贡互市”的活动，并且随着生产的发展而逐渐增多。明、清以后，随着农业和手工业的发展，毛南山乡同中央王朝及汉族的互市往来较前更为

---

① 谢铭．环江古道及其周边旅游资源开发．河池学院学报，2006（1）．

② 环江毛南族自治县概况修订本编写组．广西环江毛南族自治县概况．民族出版社，2008：288.

频繁，交易的产品包括牛、棉花、青麻、蓝靛、楮皮纸、花竹帽等。民国时期，毛南山乡的商品交易活动更为活跃，并逐渐形成了一些初级市场，如下南六圩、中南三圩、上南（旧时称冷峒、隆胜）八圩、仪凤五圩、波川九圩、堂八十圩、牛峒（川山）圩、水源圩、洛阳圩、温平圩等，其中位于环江县西南部的下南六圩（农历每月初六、十六、二十六为圩日，故称六圩，其他圩亦同），不仅是毛南族经济和集市的活动中心，同时也是新中国成立之前思恩县境内最大的圩市之一。[①] 每逢圩日，不仅当地的毛南族、壮族，周边地区的汉、苗、瑶、布依、水等民族也都不约而同地参与到圩日的活动和交易中。此外，河池、庆远、怀远（今广西三江侗族自治县）、柳州、宾阳、南宁等地，以及贵州、湖南等省的汉族商贩也活跃于下南六圩的贸易往来中。交易的商品有大米、黄豆、棉花、烟叶、铁器、银饰物、桐籽、竹纸、生猪、菜牛、食盐、火油、山货、卷烟、药品、布匹、针线、文具、火柴等各种生活用品和手工艺品，以及外来的小五金、洋纱洋布、小杂货等。除此之外，在毛南族和壮族、汉族杂居的地方，也有几个较大的圩市，如南部的温平圩，是思恩县通往河池的交通要道，市面可容纳 2000 余人，主要交易的产品为糖、面、甘蔗等商品；东部的牛峒（川山）圩，是毛南山乡进入贵州荔波县的主要门户，市面可容纳五六千人，主要经营竹簟等各种土特产；同为东部地区的洛阳圩，地势平坦，盛产水稻，是当时思恩县的大米之乡，所以，交易主要以牛、马、土锦、大米等为大宗，其市面容纳的人数可达数千人。这些圩市同下南六圩一起，不仅方便了毛南族群众之间生活生产资料的交易，而且也密切了毛南族同壮、汉、苗、瑶等各族人民的经济、文化交流，极大地促进了毛南地区经济的发展。

新中国成立后，作为促进商品流通、繁荣农村经济、促进社会发

---

① 莫家仁．毛南族．民族出版社，1988：32.

展的农村圩场得到了延续，特别是党的十一届三中全会以后，农村的圩场更是得到了前所未有的发展。1987 年，环江全县共有思恩、明伦、洛阳、川山、下南、水源、大才、龙岩、驯乐、上朝、大安、长美、吉祥、八面、木论、上南、温平、永安、东兴、笃雅、为才、三才、广荣、都川等 24 个圩场；至 2005 年，由于乡镇撤并和其他原因，大安、有才、三才、广荣四个圩场相继撤销，只剩下 20 个圩场。① 圩场的兴起和繁荣，也促进了供销社等商品贸易机构的兴盛。1951 年，环江县以集资的方法，成立了供销社，担负起商品贸易的任务，先以销售食盐、煤油等主要日常用品为主，后来扩大到布匹、杂货、服饰以及民族商品等，同时还进行粮食、棉花、桐籽、茶油、黄豆、木材、生猪、油料等的收购工作。成立了民族贸易局（后来改称商业局）、粮所等机构，并设百货、五金、医药、生产资料、土产收购等门市部，至 1959 年，水源、三美、大才、明伦、洛阳、川山、大干、下南、中南、长美、明论、吉祥、为才、龙岩、驯东、永安等均乡镇均成立了商店。党的十一届三中全会以后，在各种经济承包责任制的推动下，1987 年，全县共有供销社商业机构和网点 274 个，农业人口每千人有供销网点 1.02 个，从业人员每千人 2.1 人；同年，全县有商业网点 31 个，零售总额 1345 万元。至 1995 年，有批发贸易网点 23 个，零售贸易网点 3247 个，零售总额 25 355 万元。② 日用工业品的供应，也实现了从无到有的发展过程，新中国成立后至 1995 年，自行车、缝纫机、手表、电风扇、收录机、收音机、录像机、黑白电视、彩色电视、影碟机、洗衣机、电冰箱等，不仅实现了大量供给，而且也普遍走进了寻常百姓家。个体及私营商业网点也得到了迅速发展。从 20 世纪 80

---

① 环江毛南族自治县概况修订本编写组．广西环江毛南族自治县概况．民族出版社，2008：197.

② 广西壮族自治区地方志编纂委员会编．广西通志·民族志（上）．广西人民出版社，2009：421.

年代起，在改革开放春风的沐浴下，至1985年，个体工商户已经猛增至1518户，从业人员2065人，两年后的1987年，又增加了375户，增加了656名从业人员。2000～2005年6年的时间里，每年增加的个体工商户分别为1165户、398户、522户、773户、1144户、794户，至2006年，全县的个体工商户已达6592户，从业人员7606人，资金数额为6880万元。[①]

今天，行走于毛南山乡的路上，那些来来往往的毛南族群众，或是满面春风，或是高声谈笑；或是神情闲逸，或是步履匆匆；或是肩扛箱袋，或是手提鸡鸭；或是脚踏单车，或是骑跨摩托，一切都显得那么的繁忙，那么的踏实，又那么的自信。也许，这就是“黔桂古道”的遗韵吧，只不过，今朝换了新颜，岁月转了星斗。

第三节　“五香”食品

毛南族喜欢在食品名称面前冠以“香”字，问为何故，他们总是笑而不语，只是在宴席中，不停地叫你品尝各种美味佳肴，体验各种民族风情。当细嚼过几块山腊，饱餐过几碗家饭，品尝过几杯浓酒，才知晓，原来，所谓的“香”，来源于自然，来源于生活，来源于毛南族那种真诚质朴的心。

毛南山乡的“五香”食品是闻名遐迩的。所谓的“五香”食品，即香牛、香猪、香鸭、香粳、香菇。香牛即菜牛，是毛南山乡的著名特产，其不仅誉满广西，闻名全国，而且还远销香港地区、澳门地区以及东南亚一带，是广西重要的出口产品之一。毛南族饲养菜牛源于何时，无稽可考，但民间传说称之源于三界公爷。据传，三界公爷为

---

① 环江毛南族自治县概况修订本编写组．广西环江毛南族自治县概况．民族出版社，2008：195.

毛南山乡饲养菜牛的创始人，其有“划地养牛”的本领。一天，三界公爷将牛赶到百草峒后，圈定草场后，便扛着板斧上山砍柴，行至一通天洞，看到有八仙在下棋，于是便停下来观看，直至日落西山。仙人们下完棋后，破蟠桃做晚餐，可总是破八成九，原来是三界公爷在在一旁。仙人们认为三界公爷有仙缘，于是将余下的第九份蟠桃给三界公爷吃，并封其为九仙。在同回仙山的路途中，途经金刚山，三界公爷见山上林木苍郁，溪水畅流，水草肥美，不禁感叹：“清清的水啊，好洗牛肚打边炉！”仙人们一听，认为三界公爷尘缘未了，难登仙界，就叫他重返人间。仙界停留一天，人间已过数十年。三界公爷回到百草峒，看见大大小小的牛已经挤满峒场，原来都是吃了峒场里的莎树叶和竹叶草才繁殖得这么快的。为了牛群不被虎狼吃掉和跌下山崖，三界公爷又找来石头砌起围栏，将牛群赶入栏中圈养，天天割回竹叶草给牛吃，并采来莎树叶，切细了用滚水烫软，再拌一些玉米粉、生盐等精心喂养。养了七八个月后，牛群中老的变嫩，瘦的变肥，头头皮红毛亮，腿壮腰圆，且肉质比放养的更加鲜嫩甜美。从此，三界公爷圈养菜牛的方法传遍了毛南山乡的村村寨寨，家家户户开始效仿他的方法饲养菜牛，久而久之，毛南山乡变成了名副其实的“菜牛之乡”。

传说虽属虚构，但实际上是毛南族饲养菜牛的方法摸索和经验总结，并不断地改进创新。毛南山乡属亚热带气候，地处半石山区和大石山区，这里雨量适宜，草木茂盛，特别是遍地生长着饲养菜牛的草料，如竹叶草、莎树叶、浓索（毛南语，“浓索”为一种藤状的山花草）、玉米秆、红薯藤、芭芒苗等，特别是竹叶草和莎树叶，这是喂养菜牛不可或缺的精饲料，在平地土坡少有，而在毛南山乡大石山区的石缝土窝里却生长得十分茂盛，给饲养菜牛提供了十分优越的自然条件。毛南族饲养菜牛不像别的地方放养，而是像养猪一样圈养，主要

有两种方法：一是将小牛犊直接当菜牛圈养，不让它犁地耙田，精心喂养一两年，长到200余斤就可以出栏；二是将那些已经不能犁地耙田的老弱残牛进行圈养，不断地饲喂精饲料，养至半年或八个月，使之变瘦为肥，肉质也由粗变细、由老变嫩，即可出栏。圈养菜牛，是一个细致的活，必须每天赶在太阳出山之前割回新鲜且带有露水的竹叶草、芭芒叶等，为使牛开胃，还要在青草上洒些盐水。为使牛迅速肥壮，还要不时采回莎树叶、青麻叶、芭蕉芋等，切碎，加入适量的玉米粉或高粱粉等精饲料，再加上红薯、南瓜等，混合煮熟喂养。除此之外，在出售前一个月内，还需用新鲜的谷穗或鸭脚粟，用水浸泡后喂食，或者用黄豆、饭豆磨成豆浆掺食，并加夜餐，增加营养。经过精心护理和喂养，4～8个月之后，一头老牛或残牛可以出肉200斤左右，大者可出300余斤，利润可观。菜牛肉与其他牛肉相比，胜在肉质。一般的牛肉只有瘦肉，质粗性老，且呈暗红色，水分多；而菜牛肉为粉红色，肥瘦相间，如猪的五花肉般，红白黄三色，素有“三隔肉”之称，肉质饱满，清甜不腻，其肠、肚更是脆嫩鲜美，因此深受人们喜爱。据广西河池市产品质量监督检验所的化验分析，环江菜牛肉的蛋白质含量高达52.3%，脂肪低至7.8%，各种氨基酸俱全且含量高，微量元素含量也齐全，①是健康、绿色、环保的美食佳肴。

新中国成立后，为鼓励毛南族群众养殖菜牛，环江县曾以贷款的形式，扶助毛南族群众发展菜牛生产。党的十一届三中全会以后，政府更加重视生产和发展菜牛养殖业，并将毛南山乡列为广西的菜牛生产基地。2002年，环江县投入近千万元资金，加大“国家级秸秆养牛示范县”项目的建设力度，分别在下南乡、思恩镇、水源镇、洛阳镇、川山镇、大安乡、东兴镇等22个行政村建立秸秆养牛示范场所。其中，下南乡2007年种植牧草面积3500亩，建成4个大型养牛示范场，

① 王光家，莫景春．环江菜牛：山间百草养好牛．南国早报，2009年4月1日．

培育养牛示范户200多户，全乡牛存栏量1.2万头，年出栏菜牛4500多头，成为广西特种商品牛生产基地。2008年，全县的菜牛存栏达11.5万头，出栏5.28万头，[①] 并获得了“中国菜牛之乡”的荣誉称号。目前，菜牛的养殖已经覆盖全县30多万农业人口中的20多万人，已经走上了“公司＋基地＋农户”的产业化道路，不仅走出了传统的民间酒宴餐桌，成为一张响亮的地域品牌，走向了更为广阔的市场，而且也成了毛南族群众的致富捷径。

闻“香”识环江，识毛南，这“香”，除了香牛，还有香猪。环江香猪，又称宜北香猪、明伦香猪，是环江县著名的特产之一，主要产地为环江县明伦、东兴、龙岩、驯乐、上朝等乡镇，因这些乡镇在新中国成立之前属于宜北县，因此又称为宜北香猪。环江香猪历史悠久，早在明朝就已经在毛南山乡安家落户，历代官府均将之作为贡品进贡朝廷，或者作为款待贵客、馈赠嘉宾的珍贵佳肴和礼品。民间走亲访友、下聘定礼、礼尚往来等，均把香猪作为馈赠的珍贵礼品，如《宜北县志》中就载，当地民间下聘礼时，除规定的彩礼外，男方还要备一些“水礼”（相对于贵重礼物而言，如糖果、点心等），包括单独包装好的一头猪仔、两只鸡、两只鸭、香菌、茶叶、盐、糖、面、果等，其他诸如各种祭祖敬神等活动，当地民间也要准备好猪仔。[②] 这里的猪仔，即环江香猪。20世纪90年代以前，毛南族群众在亲友往来时，常以活香猪作为礼物，所以，每逢良辰佳节，毛南山乡，村前寨后，山道阡陌，伴随着匆忙脚步和急促身影的，则是一路热闹的猪叫，堪称一大趣事。现在，除了活猪外，也可以选择腊香猪、烤香猪等。猪还是那只香猪，味还是那个味道，情还是那份浓情，但品种已经日趋丰富。

---

① 闫祥岭．毛南族：特色养殖铺就致富路．新华网，2009－06－13.

② 王光家．环江香猪：一家煮肉四邻香．南国早报，2009－04－08.

环江香猪之所以如此闻名遐迩，在于其独特的优势。环江香猪属于中国特有珍稀微型猪，是广西优良的地方品种之一。毛南山乡独特的地理位置，不仅使得当地的日照时间短，作物生产期长，而且交通闭塞，山路遥远，在这种环境条件下，使得当地的生猪养殖只能采取封闭繁殖的手段。由于长期的近亲繁殖，缺少外血统的导入，最终形成了矮小、体黑、皮薄、骨细、轻型、耐劳等特征，而这些特征，造就了环江香猪的一方美誉。毛南山乡地处崇山峻岭、青山绿水中，尤其是该县的明伦、东兴、龙岩等乡镇，无工业污染，无其他猪种杂入，农寨自然放养，香猪以山藤、野菜、红薯、豆类等为主食，原汁原味，自然绿色。食用时，将香猪宰杀后，先滚水去毛，再用糯米稻草烧燎至表皮呈金黄色，或烧烤、或清煮，烧烤的清脆可口，满口留香；白切的鲜嫩清甜，香气四溢，并配上一碗配有醋精、马蹄香、生姜、辣椒、香蓼、葱白、蒜泥、豆腐乳、饼干粉末、香油等佐料的盐醮，其味更加爽脆香醇。

环江香猪以其独特的鲜香风味饮誉大江南北的同时，也为环江县争得了荣誉。2003 年，环江香猪通过国家原产地地理标志注册认证，保护范围为明伦、东兴、龙岩、驯乐、上朝 5 个乡镇的全部区域，以及洛阳镇的雅脉村、文雅村、永权村、永安村和大安乡的环界村等。2010 年，获国家工商总局地理标志证明商标。在以上荣誉的推动下，环江县依托资源和品牌优势，引导香猪养殖向标准化、规模化、产业化发展，年出栏香猪 33 万多头。为做大做强香猪产业，环江县还引进客商投资兴建了广西毛苗瑶食品有限公司等龙头企业。目前，基本建成年加工 100 万头香猪的畜产品加工企业，为做大做强产业打下了坚实基础。该县规划到“十二五”期末，年出栏香猪达到 100 万头，使之成为主导产业和农民增收的重要途径。[①] 今天，环江香猪的金字招牌

① 韦鹏雁，蒙凤栖．环江小香猪形成大产业．广西日报，2012－07－09.

正越擦越亮，正稳步、自信地走出毛南山乡。

除香牛、香猪外，还有香鸭、香粳、香菇等一系列的“香”字招牌。香鸭也为环江的优质特产之一，是我国珍贵微型鸭种之一，全身麻灰，稍黑，所以又称“麻鸭”，主要产区为明伦、东兴、龙岩、驯乐等，其幼鸭在0.5千克左右即可食用，骨细肉厚，不滑不腻，无腥味，也无异味，肉质鲜嫩香甜可口，食时以白切为主，配以特制的鸭酱，口味绝佳；香粳为广西著名的稀有芳香型稻米之一，有“红粳”、“白粳”、“朝棚粳”等，米粒大，有一股自然的清香气味，尤其是煮熟后更是香气扑鼻，以之煮饭，其质松软可口，所含油分大，营养丰富，百吃不厌，远销广西区内外；香菇又称野菌，为环江的优质山珍特产，多产于环江县北部九万大山腹地，其肉质厚，味道鲜嫩甜美，芳香浓郁，是配菜、调汤的上等佳品，产品远销区内外、港澳及东南亚地区。

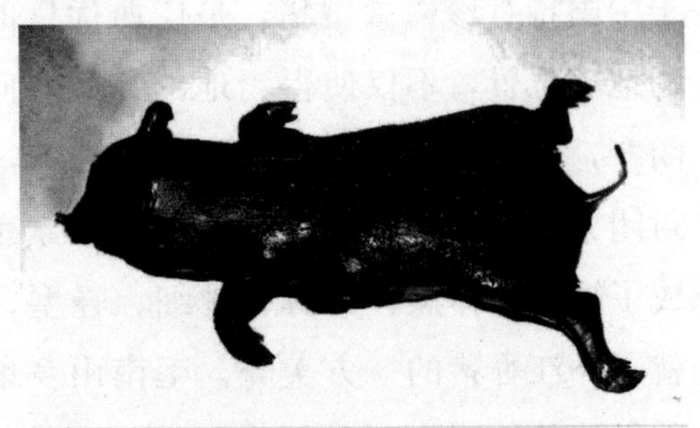
毛南族的传统食品——香猪　（李桐摄）

“五香”食品，飘香的生活。今天，以环江香牛、香猪领头的“五香”特色品牌，正在引领毛南山乡走上一条以特色资源加快农业产业化进程、发展特色加工业的通途，农业优势资源已逐渐成为推动县域经济发展的强劲动力。

第四节　醉美“毛南红”

毛南族好喝酒，更善酿酒，所谓“家家好酿酒，家家酿好酒”，这已经成为毛南山乡的一种风尚。酒，可以使毛南山乡的男人更加强壮，

更加热情如火；酒，也可以使毛南山乡的女人更加温柔，更加娇艳妩媚。一面陶鼓，一曲山歌，一碗窖酒，就可以使整个毛南山乡彻夜狂欢，不眠不休。

酒，在中华民族的史册上，经历了几千年的风尘岁月，逐渐演绎为各种喜庆节日、婚宴待客、丧事谢礼中的不可或缺的礼仪之需。而好酒，则源于民间，酿自民间。毛南族的酿酒工艺历史悠久，不但有米酒、玉米酒、高粱酒，还有红薯酒、南瓜酒、洋芋酒等，品种繁多，用当地群众的话说，只要是可以吃的、可以喝的东西，都可以酿出酒来。对此，一位毛南长者就曾风趣地说："古人有诗曰'大地有泉皆化酒'，我们毛南族人民则可以把所有吃的东西都化成酒。"

因为善于酿酒，所以，毛南山乡的酿酒业就很发达，有自酿的，也有销售的，到处是酒香，到处能醉人。据史料，民国 31 年（1942 年），思恩县境内就有蒸酒器 88 副，年酿酒 2004 担。① 但当时群众酿酒多为自用，较少出售。新中国成立后，环江县的酿酒业得到了迅速发展，并于 1956 年成立了环江酒厂，1970 年，又建成国营华山酒厂。20 世纪 80 年代，酿酒业已经遍布全县境内。90 年代中期以后，环江县的年均产酒量已达 950 吨，年均产值 160 万元。②

酿酒的过程虽然很简单，但需要恒心，需要耐心。酿酒的原料一般为大米、酒饼、清水；酿酒的工具一般有足够大的缸、锅、甑、塑料导管等。酿酒的过程：先将大米煮熟，捞出，待其晾凉后，再放入酒饼搅拌，搅匀后放入缸中进行发酵，此时缸中不能加水。发酵的时间一般是夏天 2～3 天，冬天则需 6～7 天，直到缸中散发出酒味，这时才加水。加的水要依米的数量而定，如果一缸中放有 15～20 斤米，

① 环江毛南族自治县概况修订本编写组．广西环江毛南族自治县概况．民族出版社，2008：135～136.

② 环江毛南族自治县概况修订本编写组．广西环江毛南族自治县概况．民族出版社，2008：136.

则需要加一桶20斤左右的水，将经发酵的米倒入甑中之后，还要再放一桶左右的水。然后，将甑放到一个装有水的大锅中，同时在甑的顶部还要放装有冷水的大锅。这时在锅底进行加热、蒸馏，当加热到一定的程度时，甑中飘散出水蒸气，水蒸气往上飘，遇到装有冷水的大锅，就在锅底冷凝，然后通过导管，引导出来的就是香气飘逸的美酒。酒的度数，则根据蒸的时间的长短来控制，如果需要的度数高一些，蒸的时间就要短一些，反之，蒸的时间则需要长一些，20度左右的酒，一般需要蒸约3个小时。所需的酒的度数越高，产量相对就越低，通常是一斤米可以酿出一斤半20度左右的米酒，即100斤米可以酿出150斤左右的米酒。如果要酿红薯酒、南瓜酒、洋芋酒等，首先是将红薯、南瓜、洋芋等煮熟并且捣碎，其他的过程则和酿米酒无异。但与酿米酒相比，产量则相对低得多，如100斤的红薯可酿制20度的酒40斤左右，100斤洋芋可酿酒20斤左右，南瓜更低，100斤的南瓜一般只可酿成10斤左右的酒。除此之外，还可以在酒中浸泡杨梅、刺梨、苹果、枸杞等，就可以变成杨梅酒、刺梨酒、苹果酒、枸杞酒等，虽然色味不同，质感不一，却都是那样香醇可口。

最是醉人、醉情、醉心的，还是那“毛南红”。说不清为什么要取名为“毛南红”，因为“毛南红”实际上就是一种黄酒，其酒色泽金黄透亮、幽香浓郁、黏甜醇厚。如果从色泽上无法断定其命名，那么只能是从寓意上去判断了，或许，这应该是毛南山乡人的一种吉愿吧，希望生活如同美酒一样香浓醇厚，红红火火。不去揣测其命名的事情了，还是先去听听“毛南红”的来源故事吧。但凡相关于酒的，都有其美丽的传说。酒的传说，在汉文化中，曾有天上酒星造酒、人间神农制酒、仪狄造酒、杜康酿酒等，各少数民族也以种种神话传说来诠释酒的起源，但“毛南红”的起源传说，更贴近生活，更具有现实意义。相传，“毛南红”产自桂西北九万大山中的山村，这里居住着一群

非常热情好客，喜好饮酒，也善于酿酒的民族。这里的女人，以酿造一坛好酒作为心灵手巧、聪慧贤淑的标志，也将之视为夫妻恩爱的源泉，能为丈夫酿出一坛好酒，是每位妻子的荣耀。一年重阳节，一位心灵手巧的妻子在酿造出几坛酒之后，好像受了神灵的指引，将酒拿到地里，埋进土里封藏了起来。过了几年，几位朋友到家里，妻子将酒挖取了出来，请朋友与丈夫一起品尝。只见那深埋于地下几年的酒，色泽鲜黄、幽香浓郁，倒进杯里如丝如蜜，喝进嘴里黏甜醇厚，只喝几杯，就让人神情逸然，飘飘欲仙了，过了几天，酒香还在体内牵绕。这就是“毛南红”的诞生过程，没有神传，只有实际；没有虚幻，只有温情。从此，重阳节酿“毛南红”、喝“毛南红”就成为了毛南山乡的一种习俗，而因为“毛南红”起源于夫妻之间的恩爱，于是从父母在儿女出生时就酿造几坛“毛南红”深藏，直到儿女结婚、出嫁才开封畅饮也成为毛南山乡的一种民族习尚。

“毛南红”的“红”，不仅来自于它的内涵，还来自于它的本质。光看酒的原料，就只知道酒的醇厚。“毛南红”是由精选的环江上等香糯米、甘洌晶透的山泉水、喀斯特原始森林的山草药酒曲，并配以当地群众祖传的手工酿造技术，经窖藏数年而成的，是当地群众千百年来家中珍藏和接待贵客的上等好酒，集原生态、纯天然、全绿色为一体。“毛南红”具有色、香、味、格四方面的特点。色，为棕黄色，琥珀液体，晶莹剔透，使人赏心悦目，而这种色泽，不添加任何色素，是由特殊的酿造工艺造成的。香，为一种复合香，散发自香糯、酒曲本身以及发酵过程中多种微生物的代谢和贮存期中醇与酸的反应，芳香馥郁，埋藏的时间越久，愈加浓烈，愈加醇香。味，集甜、辣、鲜为一体，甜得丰满、浓厚，具有香糯的清香；辣得适当，不仅可以增强食欲，还因辣而增味，因辣而独特；鲜得悦情，综合了谷氨酸、天门冬氨酸、赖氨酸、琥珀酸、5一核甘酸等以及蛋白质水解所产生的多肽和含氮碱等的鲜味，深受饮者青睐。格，为一种不同寻常的格调，将甜、辣、鲜三味综合在一起，互相制约，互相影响，和谐融合，口感独特，令人神怡。“毛南红”还具有丰富的营养价值和保健作用，其中，蛋白质丰富，经微生物酶的降解，绝大部分以肽和氨基酸的形式存在，极易为人体所吸收；功能性低聚糖（异麦芽低聚糖）含量较高，具有显著的双歧杆菌增殖功能，能改善肠道的微生态环境，促进维生素等矿物质的吸收，提高机体新陈代谢水平，提高免疫力和抗病力，能分解肠内毒素及致癌物质，预防各种慢性病及癌症，降低血清中胆固醇及血脂水平；具有丰富的无机盐及钙、镁、钾、磷等常量元素和铁、铜、锌、硒等微量元素，能够维护人体的正常生理功能，并促进人体的新陈代谢；多酚物质、类黑精、谷胱甘肽等生理活性成分含量较高，具有清除自由基，防止心血管病、抗癌、抗衰老等多种生理功能。除以上功能之外，“毛南红”还具有药用价值和烹调价值，用其来浸泡、炒煮、蒸炙各种药材，可以提高药效；用其来做烹饪调料，则具有祛腥、去膻、增香、添味的效能。这就是“毛南红”，澄黄清亮、醇厚甘甜、馥郁芬芳。

酒是毛南族的心情，也是一种敬意，只有在这样的毛南山乡，酒才充满了情感，充满了真诚，充满了信任。这不，酒杯刚举，门外已经传来了悠扬的山歌声，问歌中之意，唱的是：“八月十五的月亮圆，不及毛南族的酒杯圆……”

第五节　浓郁风情游

去环江，去毛南山乡，就是要去探奇、去访古、去寻情、去释心的。这里，有奇山秀水、美林幽洞，有神秘古老的“砍牛”仪式，有精美绝伦、情意款款的花竹帽，有虔诚、神圣且又带着诙谐的还愿傩

舞，有飘香万里的“五香”美食……这里，更有着精灵一样一尘不染的民族——毛南族，千百年来，他们既造化了自然，又被自然所造化。

环江的美，在于自然，在于其独特的南方喀斯特地貌，其峰丛密集，千嶂连锁，山奇洞怪，崖壁险绝，溪涧潺流，盆地平坦，草原碧绿，一切自然造化，古老、原始、野性。这里，东自九万大山，西达木论自然保护区，绵亘百里，神秘莫测，其高山峡谷，起伏颠连；林海绿野，浩瀚绚丽；珍禽异兽，欢洒奔窜。东部的九万大山，地形奇殊，高山、深谷、林涛、雾海、瀑布、深潭、清溪、幽泉、奇峰、怪洞，尽将自然之奇、秀、美环融其中；而其气候，时而明朗，时而晦暝，时而阴柔，时而碧空万里，时而霞光万丈，时而烟雨蒙蒙，一切物象，择机张扬，变幻莫测。

杨梅坳，就是深镶在九万大山深处的一颗璀璨的明珠。杨梅坳位于广西壮族自治区河池市与柳州市交界处，地处环江重镇东兴市，距环江县城 80 多公里。地因物而名，因为盛产杨梅，所以称杨梅坳，使人还没到其地，就已经望“名”生津，满嘴香爽了。虽然坳以杨梅命名，但却不是因杨梅而闻名。杨梅坳的一大特色是浩瀚的原始森林，数十种的常绿阔叶、针叶树种，其中属于国家一级保护的就有 3 种，属于二级保护的有 19 种，参天的古树，苍翠的绿叶，空气格外新鲜，俨然一间庞大的天然氧吧，加上那随处可见的飞泉溪流，潺潺之声不绝于耳；那若隐若现的云雾，缥缈幽深，千变万化；那绵延叠嶂的峰峦，如轻舞的飘带，给人无限的遐想。这里，有世界上现存最大的也是最珍贵的两栖动物——娃娃鱼（学名为“大鲵”），是国家二类保护水生野生动物；这里，有着千亩天然的珍贵的罗汉松，其生长缓慢，木质坚硬，是制作盆景不可多得的好材料，其木材也可供建筑、药用、雕刻用，价值甚高，同时也是云南世博园广西景区罗汉松的供应地；这里，还生长着漫山遍野的杜鹃花，红紫相间，艳迷人眼；这里，最让人神往的还是那瑶族的黄缸药浴，这是一种传统的防病治病良方，其药水采用108种中草药经过一天或数天的温火煎熬泡制而成，放在特制的黄缸里，人若累了、乏了，躺进药缸里，经药水浸泡，就会血脉疏通，神清气爽，容光焕发。

木论自然保护区位于环江西北部木论、川山境内，距县城72公里，面积约90平方公里，1998年被评为国家级自然保护区，属于中亚热带石灰岩区常绿落叶阔叶混交林生态系统，是世界上喀斯特地貌区幸存的连片面积最大、完好性保护最佳、原始性最强的喀斯特森林。这里，因地壳运动造成的地层断裂带经长年的日晒雨淋，形成了奇特的喀斯特地貌，其峰丛洼地，交错发育，有如古塔，有如圆锥，千姿百态，尽如神化。在山峰的底部，既有形如盆状的洼地，又有由锥峰围成的深陷的峰丛漏斗，千姿百态，深邃而神秘。短叶黄杉、香木莲、伞花木、掌叶木异裂菊、黄枝油杉、广东松、翠柏、八角莲、青檀、白桂、单性木兰、桂楠、环江崔舌木等稀有植物，在此蓬勃生长，属于国家保护的就有21种。其中，单性木兰是稀有濒危物种，其生存年代久远，是一种古老的植物，可以与“活化石”银杉相媲美，具有很高的科学研究价值，目前只在环江木论发现有。在动物上，既有豹、蟒蛇等国家一级保护动物，也有猕猴、藏猴、穿山甲、黑熊、大灵猫、小灵猫、林狸、金猫、林麝、苏门羚、斑羚等国家二级保护动物。各种树种混长，石木杂生，野兽穿越，鸟啼虫鸣，一切如此自然，又如此热闹。最让人怀古的，还是那穿越其中的“黔桂古道”，青幽石板，平铺绵延，宛如一条飘动而迤逦的绿宝石链带，穿越九重雄关，气势宏伟，让寻古的行者壮怀激烈，坚定了就这样踏石溯源的信念。

虽然，毛南山乡的山总如无声的诗，水也似流动的画，但拨动人心的，还是那镌刻着历史痕迹的人文景观。各种古牌坊、名人故里、古塔、古寺、古桥梁、古津渡、红军渡、古石雕、古战场、古联寨、

古城墙、古城堡、古街道、古关隘、古墓群、古村落、古商道……一切古事，一切古情，皆堆砌成城，集汇成河，如此千年坚守，如此川流不息。

去环江旅游，去毛南山乡寻古，一定要去一趟凤腾山，不仅仅因为这是毛南族石刻艺术的园林，还因为它是毛南族谭氏族脉的陵墓。青山埋祖骨，岁月传宗恩，对谭氏族人来说，这里就是精神的圣地，或瞻仰、或感恩、或追溯，一切都维系在那难以割舍的血缘亲情中。一位毛南族的长者说，先别去翻阅古籍和采访记录，去了一趟凤腾山之后，所有的疑惑、所有的问题，都会释然了。也只有亲临凤腾山，才会如此强烈地感觉到宗恩的浩荡。谭三孝的陵墓就矗立在半山腰，那是最高、也是最核心的位置，自其以下的大大小小墓茔有几百座，就如繁星捧月般地，簇拥着、仰视着，似在聆听，也似在受训，旧墓斑驳，新坟飘幡，一切由祖，一切靠祖，也一切随祖。这时候，走进视野的，已经不再是那精美的石雕和碑刻了，而是毛南族那层层叠叠的历史记忆。其实，不用细参，一副“凤舞三台龙虎跃，浪腾四海潇湘激”的“源远流长”的墓联就已经道出了其中的深意。

拜谒了凤腾山，下一站就是南昌屯了。据传，这是毛南族谭氏宗脉的发祥地之一，当年的谭三孝远遁毛南山乡，就选择在南昌屯繁衍生息、安居乐业，这才有了后来“八疆”子弟遍布毛南山乡的历史。南昌屯的历史是古老的，也是深厚的，古老之处在于它的古建筑、古石桥、古城墙、古青石板路、古牌匾；深厚之处在于它的文化、居民、生活、民俗、民情、民风。这里，背靠青山，绿树掩映，青瓦房舍，板石小径，清溪环绕，古桥横跨，耕牛扬蹄，家鸭嬉水，偶尔两三稚童，从村角路头奔出，一路奔跑，一路嬉戏，那稚嫩的声音，那清脆的脚步，都在奋力地彰显着这个古村寨的无限活力。

除了参观古墓群、古村寨，还应去参观古牌坊，因为这是一个民族英勇奋进的历史铭记。北宋屯石牌坊位于明伦镇北宋村北宋屯。清朝时期，环江籍北宋村团练首领卢含瑄一家九人于同治四年（1866年）在御寇保家战斗中战死，后来其胞弟卢式慎出任云南番库太使，以此事上奏朝廷。朝廷于光绪十五年（1889年）追谥“忠烈”。光绪二十年（1894年），卢式慎雇请当地名工巧匠莫有文等修建“忠烈”牌坊。牌坊为三连门两座，全石制结构，前后两坊间距15米，高6.5米，宽7.3米。前面一座为“忠孝之坊”，赐题“一门贞烈”，以昭彰战死的卢氏五烈女。门柱上镌刻着抚滇使谭钧培及云南按察使岑毓宝的敬题，上联为“义烈出深闺古井寒波昭近节，思荣崇绰楔名山贞石纪芳徽”，下联为“巽命赐荣封优诏即今褒苦节，坤维留正气贞珉终古挹清芳”。后一座为“懿德留光”之坊，赐题“一门九烈”。门柱上镌刻对联为“百战卫乡邦在昔风雷沈毅魄，九重褒节久自今泉壤发幽光”，“湛露沐宸光九陛纶音旌邑里，疾风标劲草千秋义愤壮山河”。斗拱上还铭刻有光绪皇帝的批文和各级大小官员歌功颂德赞美节烈的文章及诗词。牌坊的北侧耸立着四块大理石石板，分别用汉、满两种文字铭刻着“一门九烈”的身世和光绪帝的诰命。1994年，广西壮族自治区政府将此牌坊列为区级文物保护单位。

除以上各种古迹之外，还有东兴中州碑、社村魁星楼、波川谭家世普碑、“山高水长”摩崖石刻等。东兴中州碑又称“粮规碑记”，位于东兴镇东兴村久怀屯南部，为明朝万历四十年（1612年）思恩县知县萧鸣盛所立，距今400年。碑高2.22米，宽1.47米。碑文正面记载了当时中州（现东兴镇）境内发生的重大历史事件。背面记载上、中、下里及五十二峒世代粮规，详细地记载了各家各户纳粮纳款的数目，至今字迹清晰，保存完好，是研究环江明代赋税制度和民族关系的珍贵史料。社村魁星楼又称社村宝塔，位于川山镇社村境内，建于清道光二十一年（1841年），距今有171年的历史。塔呈六角形，高

环江北宋牌坊 （李桐摄）

25米，原为7层，空心，有楼梯可通塔顶，现楼梯已经损坏。塔基为大青石，塔身用火砖砌成，底层内径两米，越上内径越小，楼的正面书写着“魁星楼”三个大字。1986年，环江县人民政府将其列为重点文物保护单位。波川谭家世普碑位于下南乡波川小学内，为毛南族谭氏后人谭灿元于清乾隆五十三年（1788年）所立。整座碑用一块大青石制成，碑高16米，宽11米，碑文记载着谭姓毛南人祖先谭三孝的生平以及家族的发展和分支，字迹清晰。1978年，环江县人民政府将其列为重点文物保护单位。“山高水长”摩崖石刻位于环江毛南族自治县长美乡附近的小环江河左岸的悬崖壁上。古迹字体遒劲有力，气势雄伟壮观，传说为明清年间思恩县事王宗海所书。虽然，崖壁上就只有“山高水长”四个字，但当时作为一个偏僻的小县，有如此文人雅客所镌刻的墨迹，也已弥足珍贵。而从“山高水长”处沿河顺流而下，各种传说中的景点也尽现眼前，如笼罩在云雾中的“姜太公钓台”、“刘三姐对歌台”、“试剑石”，神形逼真、栩栩如生的“诸葛亮造像”、“刘伯温造像”等，山高水长，悠悠神韵，情归不知何处。

如果行程匆忙，而又想一饱毛南山乡的风情，那么，等到每年农历五月的“分龙节”吧，到时，与毛南山乡来个激情相约，尽享人间传奇。“分龙节”上，可以参与神秘而又虔诚的“祭祀三界公”仪式，可以漫步歌场倾听毛南族关于花竹帽的爱情故事，可以细品原生态的“五香”美食和享受牛气冲天的“千人牛宴”，可以置身激情飞扬的万人傩面狂欢舞中，也可以尽情地感受自然与人文交融的欢乐生态游……一个节日，尽现民族风，也让人尽享民族情，所以，毛南山乡的风情旅游，才会让游人这样接踵而至、流连忘返，而毛南山乡的旅游业，也成为推动环江县域经济发展的强劲动力。近5年来，环江县共接待境内外游客92.26万人次，总旅游收入5.08亿元，[①] 仅2011年，全年接待国内旅客就达30多万人次，旅游总收入2亿元。[②] 目前，环江县依托毛南、壮、苗等民俗文化和丰富的生态旅游资源优势，以展现地域民俗文化和喀斯特生态文化为平台，已经形成了毛南风情旅游服务基地、牛角寨瀑布群旅游区、文雅天坑群旅游区、木论喀斯特生态旅游区、杨梅坳森林生态旅游区五大旅游区，毛南族风情游已经成为了广西旅游业的一大亮点。

第六节　科技引领未来

遥想当年峥嵘岁月稠，面向黄土背朝天，一身蛮力一把汗，禾锄刮子脚踏犁，翻遍莽山石与土，一个石窝一棵苗，期盼金秋丰与实。这就是毛南族曾经的耕耘岁月，多少艰辛与汗水，只有毛南山乡的花草树木和日月星辰知道。

最能体现老百姓生产力水平高低的，是日常生产生活工具的变迁。

---

① 卢伟益．环江5年旅游收入超5亿元．河池日报，2011－03－21.

② 环江毛南族自治县2012年政府工作报告．

20 世纪 80 年代以前，毛南山乡的生产工具以木制品居多，即使是最常用的脚踏犁，除了铁铧是铁制之外，犁杆、犁扶、犁座均为木制，一般用一两年之后，木制的部分就会腐烂、损坏，不能长久。80 年代以后，特别是进入 90 年代，全铁制的脚踏犁出现，而且一把脚踏犁的重量仅几斤，携带方便，轻巧灵活，经久耐用，生产效率也得到了极大的提高。所以，现在的毛南山区已经普遍使用铁制的脚踏犁。与脚踏犁相似，使用畜力来耕作的犁头同样也经历了由木制到铁制的过程，90 年代以后出现的全铁制的铁犁，不仅提高了生产效率，而且经久耐用，一把铁犁就可以用几年，甚至十年，既经济又实用。进入 21 世纪后，集耕、耙、耘三位于一体的机械耕田机（俗称“小铁牛”）的出现，一天可以耕七八亩田，极大地提高了劳动效率。由于生产效率提高，拥有机械耕田机的人家在农忙的时候，除了耕耘自己的田地之外，还为那些劳动力少、或者忙不过来的人家耕耘田地，并收取适当的费用。在新中国成立以前，毛南族用以稻谷脱粒的主要工具是木槽，其形似独木舟，以木板围成，底部密封，上宽下窄，呈梯形状，一般长 1 米、宽 0.5 米左右。脱粒时，双手紧抓禾稻用力甩到木槽的内壁，如此反复四五次，稻粒就会脱落到槽中。木槽结构简单，其脱粒的效率也很低。20 世纪五六十年代，毛南山乡开始出现打谷机，虽然脱粒效率极大地提高了，但整个机身也相当笨重，除了齿轮和脱粒刀为铁制之外，其他的全为木制，一般需要三个人才抬得动，即两个人抬机架，一个人抬木槽。90 年代以后，小巧玲珑的全铁制的打谷机，只需一人就可以将之扛到田里，省时省力，且噪声小，深受老百姓的欢迎，也得到了普遍推广。目前，以机械代替人力的电动打谷机也出现了。在粮食加工工具上，首先用的是石臼、水磨，至 80 年代，碾米机、磨浆机开始出现；进入 90 年代后，电磨也走进了寻常百姓家。

路是走出来的，尤其是毛南山乡的路，嶙嶙峋峋，曲曲折折，行走的脚步，总是风尘仆仆地踏岁而行。因为路是山间野径，行走极为不方便，所以，毛南族赶集或者要将货物运出山外，都得走路，或是肩挑，或是马驮，多少浊重的喘气声，多少汗滴如雨的日子，一切总显得太匆匆。而这种情况，一直延续到20世纪70年代。70年代以后，简易的马路开始出现，从而催生了马车的普及，虽还处在役使畜力运输的阶段，但毛南山乡的交通条件已经得到了较大的改善。80年代，手扶拖拉机开始在毛南山乡疾驰，既用于运输，也用以客运。随着道路状况的改善，专门用于客运的班车开始穿梭往返于各村各寨，但班次较少，而且由于路况的限制，班车很多时候只能开到村部，一些边远村寨的群众还要赶一段较长的路程，才能赶得上开往县城的班车。90年代以后，“小四轮拖拉机”开始运营，进入21世纪后，“小四轮拖拉机”逐渐更新为小东风汽车的车型，既可以用以运输，在农闲时期还可以用于客运，但出于安全的考虑，环江县的交通主管部门逐渐取缔了这种客运方式，规定只能用于运输。除此之外，轻便、灵活的客运三轮车也开始开到家家户户的门口，老百姓在家门口就可以搭车进城，缩短了与外面世界的距离。目前，大多数的农户都拥有了摩托车，只见脚尖一点，油门一踩，生活便开始这般如火如荼地飞翔起来了。

七分石头一分土的自然条件，注定了毛南族旧时的耕种方式主要遵循刀耕火种，一把大火烧过，一把种子撒下，就任其自生自长，望天而收，因而产量很低，有时甚至是颗粒无收。种植水稻时，因当时饲养的牲口较少，所以更多的是用草木灰给秧苗追肥，肥料单一，也使得产量较低。新中国成立后相当长的一段时期里，随着各种牲口的饲养品种的增多，各种猪粪、牛粪、羊粪、鸡粪、鸭粪、兔粪成为最普遍的农家肥，但因山区崎岖，交通不便，加上价格较贵，因此使用化肥比较少。20世纪80年代后，化肥的使用开始趋于普遍，主要为尿素和氨氮两种，用于庄稼培土、除草期间的追肥和秧苗的助长等，但

日常生产种植还是以农家肥为主，多用于耘田、播种、插秧等前期秧苗的护理和保肥。90年代以后，化肥品种日趋增多，有尿素、钾肥、磷肥、氨氮、复合肥等，农户可以根据庄稼不同时期的生长需要，选择各种化肥混合给庄稼施肥，既增强了庄稼抗虫病的能力，又极大地提高了粮食的产量，使农户的粮食生产获得了大幅度的增产和增收。在庄稼品种的选择上，在60年代以前，水稻主要以本地高秆迟熟品种为主，一年只种一造，产量低，抗病能力弱。60年代以后，引进了矮秆良种，并逐步推广一年种早晚两造。70年代，大量引进杂交优良品种，使品种得到了更新换代的质的变化。80年代，不仅种植“科胜矮”、“幅幅809”等优良品种，还引进了灿优桂33、34号水稻杂交良种。90年代以后，“夏优”、“杂优”等优良品种也得到了普及。在玉米的品种选择上，早期以种植白玉米为主，现在主要普遍种植“珍珠黄玉米”，其产量高，抗病能力强，色泽鲜艳，颗粒饱满，味道香润，而且易储藏，因此深受村民们的欢迎。70年代开始，地膜玉米得以推广，80年代初期普及开来，但90年代开始减少，主要因为，虽然地膜玉米产量比普通的品种高，但由于工序比较麻烦，松整、起沟、划块、施肥、消毒等，整个过程做得比较精细，而且土地需要一定的面积，这对于地处大石山区、耕地面积相对较少的毛南山乡来说，条件还较为欠缺，所以地膜技术推广的不甚理想。现在，通过长期的摸索与经验的积累，村民们在播种、施肥、除草、管理等方面都具有一套独到的种植方式，既符合科学管理，又结合本地实际，粮食产量也逐年得到提高。

在养殖上，一般以养水牛、黄牛、猪、鸡、鸭、鹅、兔等为主，以当地生产的粗粮为主要饲料。如养牛以草为主，一般不放精饲料，可以放一些米糠等，但如果饲养的是菜牛，除以上饲料外，还要放一些黄豆粉、大米粉之类的给予催肥，不放任何添加剂，否则会使菜牛失去其香、嫩的纯天然味道。而饲养鸡、鸭、鹅等也是以玉米、大米为主要饲料。20 世纪 80 年代以后，随着各种鸡、鸭饲料的出现，各家各户也开始用鸡、鸭饲料混合玉米等进行喂养。就养猪而言，80 年代以前，养猪一般以农家粮饲养为主，即从地里捡来青菜叶、红薯藤、南瓜以及山上的野菜等，切碎后，放到锅里煮熟，配以玉米粉、米糠等进行喂养，有条件的可以在猪食里放一些粗盐，以此来增加猪的食欲。90 年代以后，随着“151”、“猪大壮”等各种给猪催肥增重的精饲料的出现，为了使猪尽快肥壮，早日出栏，多数养猪的人家也用上了饲料添加剂，喂食的方法也由以前的“熟喂”变成了现在的“生喂”，即用玉米粉、黄豆粉、精饲料加水混合即可给猪喂食，这样，以前养一头猪到出栏一般要 1 年左右，有的甚至要两年，但现在一般半年就可以出栏。在品种的选择上，以前饲养的猪一般以本地猪种为主，个矮肚大，食量大，但长膘慢，所以养一头猪到出栏，一般需要耗费一年，有的甚至两年。70 年代以后，陆续引进了外地的优良品种，或是让其与本地的猪种进行杂交，培育出新的品种，不仅大大缩短了出栏的时间，也增加了猪的产肉量。80 年代以后，陆川猪及英国的约克夏、丹麦的长白猪等优良猪种得到了大力推广，由于其具有比本地猪抗病能力强、生长速度快、出肉率高等优势，因此深受群众的欢迎。养鸭也以旱鸭和“樱桃谷鸭”为主，前者可以适应缺水的环境，后者个大肉厚，适宜宴待宾客和拿到集市上出售。而养鸡，则主要以“三黄鸡”等优良品种为主。

推广科技生产与养殖主要依靠的还是科技部门。20 世纪 60～80 年代，环江县陆续建立了科学技术局、农业机械研究所、农业科学研究所、林业科学技术研究所、科学技术情报研究所、计量管理所（即后来的技术监督局）、技术开发中心等科学技术管理机构和科研单位，大力推广科学养殖和科学种植，同时，也培养了一大批专业技术人才，

人才队伍及规模逐渐扩大。1951 年，环江县仅有工程、卫生科技人员 17 人；直至 1965 年，工程、农业、卫生等科技人员也才有 167 人。80 年代以后，随着工程、农业、卫生、会计、统计、经济、新闻出版、图书档案、教育、体育等各行各业实行技术鉴定和职称套改工作的开展，1987 年，全县获得各级技术职称的有 1721 人，其中高级职称 3 人，中级职称 337 人，初级职称 1381 人。截至 2005 年年底，全县拥有各类专业技术人员 5374 人，其中高级职称 52 人，中级职称 1660 人，初级职称 3662 人；有 6 人被评为广西专业技术拔尖人才、学科带头人和有突出专业技术人才；有 14 人次、130 人次、168 人次分别获省部级、地厅级、县处级科技进步奖；全县参加各种技能培训人数达 337 286 人次，其中领导干部、科技人员 6044 人次，职工技能培训 4375 人次，农民开展先进适用技术培训 241 526 人次，青少年科普知识培训 75 341 人次。① 除此之外，环江县积极扩大对外科技合作与交流，自 1996 年以来，先后与中国科学院、广西大学、广西中医药研究所、广西植物研究所等科研院所加强技术对接，合作领域、层次不断提高，对接空间不断拓展，相关院所实施了国家、自治区重大科研项目十多项，其中肯福科技扶贫示范场“公司＋基地＋农户”运作模式取得了显著的社会经济效益，“中国科学院广西环江毛南族自治县喀斯特农业生态实验站”也通过加强基础设施建设、开展生态恢复试验示范、培养并稳定技术队伍，构建农业生态试验示范长期检测体系，发挥了支持喀斯特区域农业生态研究与示范辐射、指导区域农业生产的平台作用。通过以上先进科技的示范带头作用，截至 2006 年年底，全县共有 192 项科技成果获科技进步奖，其中省部级 4 项，地厅级 59

---

① 环江毛南族自治县概况修订本编写组．广西环江毛南族自治县概况．民族出版社，2008：245～246.

项，其他129项。[①] 通过以上科学技术的引领，至2011年，全县地区生产总值实现36.95亿元，增长7.6%，其中第一产业增加值14.62亿元，占39.56%；第二产业增加值11.79亿元，占31.91%；第三产业增加值10.54亿元，占28.53%。[②] 全县社会经济实现了又快又好地发展。

科学技术的发展为毛南山乡的美好生活插上了双翼。如今，放眼毛南山乡，一座座钢筋水泥楼房掩映在绿树丛中，一条条笔直宽敞的水泥大道穿梭村里屯外，一辆辆汽车摩托疾驰在山间岭巅，一台台彩电、冰箱、洗衣机等现代家具走进了寻常百姓家，一部部手机等现代通信工具成为毛南族群众联系山外、闯荡世界的桥梁，一切都在日新月异，一切都在更新换代。所以，每一次往返于毛南山乡，总觉得一切都是那么的熟悉，但一切又是那样的陌生，在熟悉与陌生之间，总有一种叫做蜕变的东西，如蛹化蝶，美丽而充满了希望。

① 环江毛南族自治县概况修订本编写组．广西环江毛南族自治县概况．民族出版社，2008：247～248.

② 环江毛南族自治县2012年政府工作报告．

尾 篇

砍不断的流水

我们不能阻止时代的发展，也不能否认岁月的变迁。一个民族，总要不断地与其他民族交往、交流，乃至同化、融合，在此过程中，难免会失去一些传统的东西，同时也会吸纳一些新鲜的事物，关键是，我们如何才能保留我们原始的本真，延续和传承我们最初的宗脉？今天的毛南族，既正在打捞一段失落了的传统，也正在与一个美好的时代相遇。

新中国成立后，毛南族的政治、经济、文化、教育以及社会等各方面得到了飞速发展，特别是改革开放30多年以来，毛南山乡在国家政策的宏观调控下，扎实推进保增长、调结构、惠民生、促和谐等各项工作，取得了显著成效：2011年，环江毛南族自治县生产总值实现36.95亿元，增长7.6%；财政收入完成3.05亿元，增长13.5%；固定资产投资完成28.05亿元，增长25%；城镇居民人均可支配收入14 260元，增长11%；农民人均纯收入4342元，增长27.8%；社会消费品零售总额12.92亿元，增长24.5%；城镇新增就业1981人，城镇登记失业率2.9%；农村劳动力转移就业6587人；人口自然增长率

3.16‰。① 但有一种观点认为，经济发展与文化发展实际上是一种博弈的关系，互为消长。我们不去深究其中的对或错，从毛南山乡的一些现象来看，经济繁荣的背后，毛南族文化的日渐式微也不得不让我们深思：一是民族语言日趋消亡。2006年，相关部门在毛南族聚居的下南乡进行了语言调查，旨在统计毛南族掌握本民族语言的情况，结果发现：40岁以上会说毛南语的占93.8%，不会说的占6.2%；20～39岁会说的占76%，不会说的占24%；10～20岁会说的占62.8%，不会说的占37.2%。年龄越小，掌握本民族语言的所占的比例也越小。二是文化遗迹损坏严重。环江历史悠久，文化遗迹众多，几乎遍及境内各个乡镇。但是，由于保护机制不完善和缺乏专项保护资金等原因，各处文物遗址破坏较为严重。如南昌屯，本来是一个古建筑保存得相对完好的传统的民族村，新旧房屋共有59栋，但近10年已有23户拆掉了原有特色的传统民居，新建了方盒式的水泥砖混结构建筑。截至2006年，只有3户房子保持古房屋建筑的大致原貌了。三是传统文化的传承面临断层。傩文化是毛南族的艺术奇葩，名誉国内，而且多次走出国门，引起了国际学界的广泛关注，但目前也呈现出一种后继无人的现象，面临着绝代失传的危机；花竹帽作为毛南族民间传统编织工艺的典型代表，迄今已有几百年的历史，但至今只有下南乡古周村谭顺美老人是全乡乃至全县硕果仅存的花竹帽传统编织工艺的传艺老人。曾经的花竹帽爱情，正在与我们的日常生活渐行渐远；石雕与木雕，毛南山乡曾经的光辉灿烂的艺术精品，如今随着水泥钢筋楼房和时代家具的流行，也逐渐失去了应有的地位。

令人欣慰的是，进入20世纪80年代以来，环江毛南族自治县以“政府主导、社会参与、长远规划、分步实施”为保护原则，坚持“保护为主、抢救第一、合力利用、继承发展”的指导方针，对毛南族的

① 环江毛南族自治县2012年政府工作报告.

传统文化采取各项保护措施：从2002年起，拨出专款开展傩文化的普查、调研以及资料的收集、整理和数据库的创建工作，制定了《环江县毛南族傩文化保护工程工作规则》和《实施方案》，创建下南乡毛南族傩文化生态保护区；2004年，成立花竹帽工艺保护领导小组，制定了《环江县毛南族花竹帽保护工作规划》和《实施方案》，创建下南乡古周村毛南族花竹帽工艺保护点，并拨出专款进行花竹帽编织工艺的培训工作；从2002年起，将石雕碑刻的保护作为子项目列入毛南族民间传统文化遗产系统保护工程。

毛南族是非常重视家族的世系的记载的，一般人家都备有一个本子，用来记录自己的家谱和族谱，以存后世。每当家中有老人去世，子女要办的第一件事就是要为死者树碑立传。如果死者为男性，除中间要镌刻上“×××大人之墓”外，右侧还要写明他是×××的第几个儿子及本人的生平，左侧则先写上子女姓名，依序下来为孙子、孙女、女婿、外孙、外孙女等人的名字；如果死者为女性，中间的铭字与男性相似，右侧写明她从何而来，为谁的第几个女儿，以及生平等；左侧的落款则与男性相同。如此一代一代连续记载，这样，后人就可以以此为线索，层层追忆，寻根问祖。这种连绵不断的记载方式，毛南族称之为“砍不断的流水”。

如此，我们就不难理解，为什么凤腾山上，祖源的记忆会如此悠长，又会如此铭心刻骨。谭氏的每一个宗支，在这里，都可以与远古的每一位先祖促膝而谈，都可以虔诚而又谦虚地聆听祖训。曾记得民族学大家费孝通先生说过：“我们的格局不是一捆一捆扎清楚的柴，而是好像把一块石头丢在水面上所发送的一圈圈推出去的波纹。每个人都是他社会影响所推出去的圈子的中心。被圈子的波纹所推及的就发生联系。每个人在某一时间某一地点所动用的圈子是不一定相同的。”①

---

① 费孝通．乡土中国．三联书店，1985：25．

这就是著名的"差序格局"原理，其所揭示的是中国社会的人际关系的内涵：以己为中心，并逐渐向外推移，表明自己与他人的亲疏关系，明确了以家庭为核心的血缘关系，通过血缘关系的"投影"又形成地缘关系，指出了血缘关系与地缘关系的密不可分。实际上，其中的血缘关系，总是围绕着祖源而展开的，祖源是核心，是起始，无论投射的纹圈多广、多远，最终的皈依点，还是那魂牵梦萦的祖源之地。

所以，每一次到毛南山乡，走进每一户毛南人家，当问及族史及家事时，多数都会小心翼翼地拿出族谱或家谱，一页一页仔细地翻开，述说着先祖的历史，追寻着先祖的记忆，那厚实、凝重而悠久的毛南山乡岁月，就这样跃然纸上；那一个个似曾熟悉的身影，从族谱、家谱上笑意盈盈地走了出来，热烈而真诚地交谈。这一刻，不知是时空交错，还是思维穿越，风尘仆仆的远古岁月，意气风发的时代脉动，就这样，在毛南山乡相遇相知，相拥相悦。

对毛南族来说，举社会之力，修宗族之谱，是为天时、地利、人和。重视族谱的修撰，这或许是每一个民族、家族固有的特殊情感，深切而弥厚，这对于毛南族来说，更是一个民族铭记宗恩、承上启下的延续过程，正如《毛南族谭氏族谱》后记中所说的一样：修撰族谱，"就如同修机耕路一样，以后的柏油路、高速路，由后生们去完成了"。[①] 这就是民族的传承吧，如同滔滔江水，千百年川流不息。

所以，万千宗支一根脉，史上谭三孝的"分疆"故事，才会如此源远流长。今天的谭氏，循着族谱，可以与远古先祖促膝而谈，维系宗脉。其他的诸如卢、蒙、韦、颜等宗支，也可以透过族谱，找到自己的精神皈依。族有族谱，家也同样有家支。走进毛南人家，位置最显眼、装饰得最堂皇的就是那大厅中的中堂，中堂上高悬着历代列祖列宗的纪念牌。所谓的纪念牌，就是一块上了年岁的木板，板上贴着

---

① 毛南族谭氏谱牒编纂委员会编．毛南族谭氏谱牒．2004：766.

红纸，纸上，按辈分顺序，依次写有始祖、鼻祖、近故的祖辈、父辈的名讳，端端正正地挂在香火堂的正中央，或者是立于祖宗灵位桌旁。逢年过节，都要宰杀牲口祭供，焚香烧纸，三叩九拜，敬祀先祖。那缓缓升腾的热气，那缥缈萦绕的香烟，那虔诚庄严的身影，恍若隔世，又近乎凡尘，一切恩泽尽在潜移默化中。最热闹，也是最动情的还是那每年的清明节。这一天，山路载满相思，绿树尽溢追忆，到处是重重叠叠的身影，到处是风尘仆仆的脚步。无论穷家还是富户，也无论是权贵还是平民，这一天，都要拖儿带女、扶老携幼，或是以家庭为单位，或是以宗族为组织，不约而同地从四面八方相聚于这青山绿坡为先祖扫墓。那两三稚童立于墓碑前，一位白发苍苍的老叟立于碑旁，指着墓碑上镌刻着家族世系的铭文，一字一句地念着，稚童也一字一句地跟着。老者声音浑厚，幼者声音清脆，衬着这苍山绿水，穿越岁月，连接古今，归还本真。

总之，一座城，就这样，与一个勤劳、善良、勇敢、智慧的民族彼此相知相守；一个民族，也这般，千年风雨无阻地与一座城，如约共存共荣。岁月总如梭，时光也似箭，看青山黛绿，听江水川流，那个叫毛南的民族，正热热闹闹、华华丽丽地奔跑着、欢笑着，与迎面而至的美好未来激情相拥……

后记

对于毛南族，我是怀着深厚的情感的。

九年前，因为与云南大学的一个合作项目，我随调研组深入毛南山乡，在一个村里与毛南族群众同吃同住了近一个月。调研结束后，乡亲们自发地为我们调研组举行了一个送别宴。那天晚上，全村人欢聚一堂，男男女女，老老少少，把盏欢歌，共叙亲情。后来，因为其他的项目又连续去了几趟毛南山乡，每一次往返，总有一种浓浓的亲情满盈胸口，那样的醇厚，又那样的深切。我就知道，今生今世，已与这毛南山乡的一山一水、一花一草、一人一物、一情一景，结下了不解之缘。

这一次，接到了《中国少数民族人口丛书・毛南族》的写作任务，我突然有了一种诚惶诚恐的感觉，不是因为推却，而是因为责任的重大。很多时候，一种情感，可以用心去体会、用耳去聆听、用眼去观察，但要用笔去叙述，却是一件很难的事情，甚至要成为一种精神上的负担。但既然与毛南山乡有缘，与毛南族乡亲有情，那再怎么愚钝与笨拙，也总得对自己情感有一个交代。所以，呈现在读者面前的这一薄薄的册子，实际上就是我个人的情感宣泄，其中或许有所偏颇，或许贻笑大方，但这确实是我的真实感受，也是我的真情所致。

所以，很感谢广西民族大学国际教育学院的唐文成、广西职业技术学院的许剑新、广西南宁市房产物业管理处的黄韬，他们不仅在提纲的初拟、书稿的撰写、资料的收集上给了我很大的帮助，而且也在精神上给了我很大的支持与鼓励。同时，也很感谢广西民族问题研究中心的李桐，为本书稿提供了大量珍贵的资料照片，为本书稿增添了亮丽的色彩，很多照片，都是他长年累月到毛南山乡跋山涉水、走村串寨用镜头捕捉得来的，很珍贵，也很真实。还有部分照片由广东集成图像有限公司提供。

最后，最应该感谢的，还是我敬爱的读者，能够耐心地翻阅到这一页，让我感到有一种信任的力量，有一种被信任的感动。如果说，这本小册子能够给读者提供一个全面了解毛南族的途径，那么，这将是我最大的慰藉。

黄仲盈